法医尸体现象新读

欧桂生 / 主审

汪冠三 马雁兵 / 主编

中山大学出版社

·广州·

图书在版编目（CIP）数据

法医尸体现象新读/汪冠三，马雁兵主编．—广州：中山大学出版社，2023.9
ISBN 978 - 7 - 306 - 07892 - 6

Ⅰ．①法…　Ⅱ．①汪…②马…　Ⅲ．①尸体检验　Ⅳ．①D919.4

中国国家版本馆 CIP 数据核字（2023）第 156754 号

FAYI SHITI XIANXIANG XINDU

出　版　人：王天琪	
策划编辑：鲁佳慧	
责任编辑：罗永梅	
封面设计：曾　婷	
责任校对：袁双艳	
责任技编：靳晓虹	
出版发行：中山大学出版社	
电　　话：编辑部 020 - 84110283，84113349，84111997，84110779，84110776	
发行部 020 - 84111998，84111981，84111160	
地　　址：广州市新港西路 135 号	
邮　　编：510275　　　　　　传　真：020 - 84036565	
网　　址：http://www.zsup.com.cn　　E-mail：zdcbs@mail.sysu.edu.cn	
印　刷　者：广州市友盛彩印有限公司	
规　　格：787 mm×1092 mm　1/16　10.75 印张　262 千字	
版次印次：2023 年 9 月第 1 版　　2023 年 9 月第 1 次印刷	
定　　价：88.00 元	

如发现本书因印装质量影响阅读，请与出版社发行部联系调换

本书编委会

主　审　欧桂生

主　编　汪冠三　马雁兵

副主编　(按姓氏笔画排序)

　　　　　王　欣　石　河　成　明　吕国丽

　　　　　李志刚　张书睿　赵　建　康晓东

前言

随着我国社会主义法制建设的不断完善和加强，以及科学技术的飞速发展，法医学应用领域的广度和深度进一步拓展，法律实践对法医工作者提出了更高的要求。日常工作中，我们发现部分已知的尸体现象成因与教科书中所阐述的理论相矛盾，同时也出现了很多教科书中没有提及、命名的尸体现象，业内对腐败尸体现象的认知更是空白，原有关于尸体现象的认知和理论已无法满足当下法医的日常工作需求，故法医在工作中遇到的疑难死因鉴定越来越多，遇到腐败尸体更是束手无策。

为此，我们将日常工作实践中积累的案件资料进行回顾性研究，对已有尸体现象成因进行重新解读，对未知尸体现象进行命名及成因分析，将不同死因的新鲜尸体现象进行梳理、分类、对比，总结各类尸体现象的腐败演化规律，筛选可供腐败尸体死因推断的尸体征象，并辅以逻辑分析，以期达到对疑难死因及腐败尸体死因进行推断的目的。本书共 8 章，图片近 500 幅，图文并茂地展示了各类死因尸体现象，阐述了作者对各类尸体现象的重新解读，构建了新鲜尸体及腐败尸体死因分析的新体系和新方法。该体系和方法已在实际工作中初步应用，在疑难死因和腐败尸体死因鉴定方面价值凸显。

在此特别感谢欧桂生主任法医师（公安部特邀刑侦专家）对本书内容的审核、把关及无私的支持。

本书的出版主要受到广州市科技计划项目"腐败尸体死因推断方法研究"的资助。

本书仅为作者个人观点，书中内容难免存在不足之处，敬请同行与读者批评指正。

马雁兵

2023 年春季

目 录

第一章　尸 体 现 象

尸体现象是机体生命活动终止后，身体内各种器官、组织的功能逐渐消失，尸体受到内外因素的影响而发生一系列变化，致使尸体呈现的各种现象。按尸体现象出现的先后顺序，以 24 小时为界，分为早期尸体现象和晚期尸体现象。常见早期尸体现象有肌肉松弛、尸冷、尸斑、血液凝固、皮革样化、角膜混浊、尸僵、尸体痉挛、自溶等。晚期尸体现象大多为腐败，少数呈现异常尸体现象(如干尸、尸蜡、泥炭鞣尸等)。尸体现象的法医学检查可推断死因和死亡时间、推测死亡时尸体位置及死后尸体位置有无变动等。本章将对类尸斑效应、瞳孔散大与缩小、脂肪样皮革样化、休克尸体征象、非休克尸体征象、溺死尸体征象、呼吸道泡沫、腐败渗出液、脑组织自溶、皮下出血时间、活产尸体征象、死产尸体征象、性行为后会阴部改变等尸体现象的定义、成因及作用进行阐述。

第一节　类尸斑效应

类尸斑效应为尸体非低下部位出现的与尸斑颜色、形态相类似的皮肤颜色改变。例如，图 1-1 中在死者颜面部、颈部、上胸部及双上肢出现的与尸斑颜色、形态相类似的皮肤颜色改变。

类尸斑效应的分布部位因死因不同而有所差异。例如，机械性窒息死亡的尸体，其类尸斑效应多分布于颜面部、颈部、上胸部及双上肢，且不同窒息方式死亡尸体的类尸斑效应分布亦有差别(图 1-2 至图 1-5)；癫痫发作死亡尸体的类尸斑效应多分布于四肢(图 1-6)；溺水死亡尸体的类尸斑效应多分布于颜面部、颈部、胸部、上腹部及双上肢(图 1-7)。

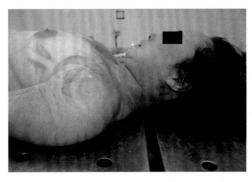

类尸斑效应分布于颜面部、颈部、上胸部及双上肢等非低下部位。

图 1-1　捂压口鼻窒息死亡尸体的类尸斑效应

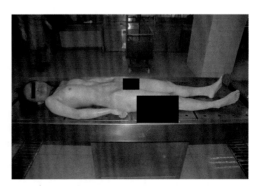

类尸斑效应分布于颜面部，伴点状出血。

图 1-2　勒颈窒息死亡尸体的类尸斑效应

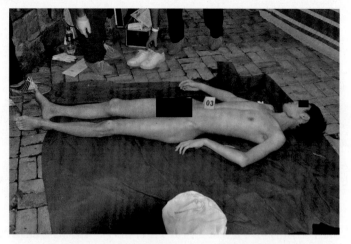

颜面部、颈部、上胸部及双上肢无类尸斑效应。

图 1-3　缢颈窒息死亡尸体

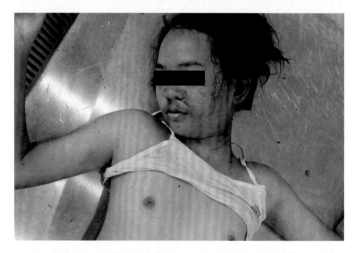

类尸斑效应分布于颜面部、颈部掐痕及双上肢。

图 1-4　掐颈窒息死亡尸体的类尸斑效应（一）

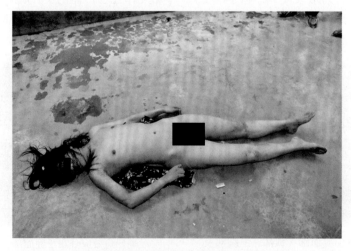

类尸斑效应分布于颜面部、颈部掐痕及双上肢。

图 1-5　掐颈窒息死亡尸体的类尸斑效应（二）

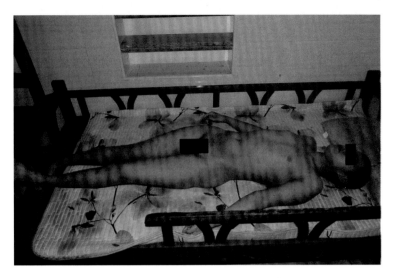

四肢非低下部位出现团块状类尸斑效应。

图1-6　癫痫发作死亡尸体的类尸斑效应

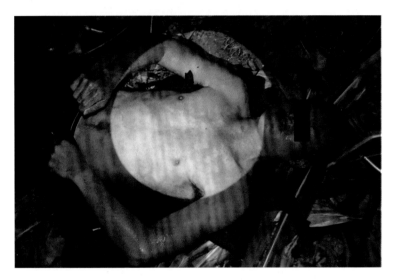

类尸斑效应分布于颜面部、颈部、胸部、上腹部及双上肢。

图1-7　溺水死亡尸体的类尸斑效应

　　类尸斑效应的形态及颜色随死因不同亦有所差异。例如，酒精中毒死亡尸体的类尸斑效应呈团块状（图1-8、图1-9）；窒息死亡尸体的类尸斑效应呈大片状；盐酸地芬尼多中毒死亡尸体的类尸斑效应呈斑块状、出血性（图1-10）；有机磷农药中毒死亡尸体的类尸斑效应分布于颜面部及颈部，呈紫红色（图1-11）；一氧化碳中毒死亡尸体的类尸斑效应分布于颈部、四肢，呈浅樱红色（图1-12）；电击死亡尸体的类尸斑效应呈棉絮状或条纹状（图1-13）。

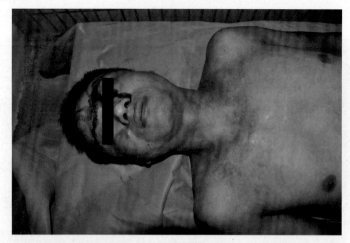

类尸斑效应分布于颈部、上胸部及双上肢，呈现团块状。

图1-8 酒精中毒死亡尸体的类尸斑效应（一）

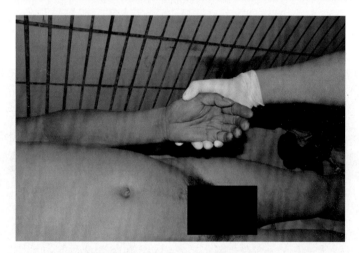

左上肢的类尸斑效应呈现团块状，颜色较尸斑颜色浅淡。

图1-9 酒精中毒死亡尸体的类尸斑效应（二）

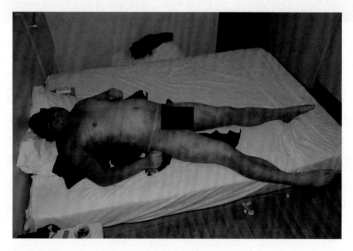

类尸斑效应分布于颜面部、颈部、上胸部及双上肢，伴斑块状出血。

图1-10 盐酸地芬尼多中毒死亡尸体的类尸斑效应

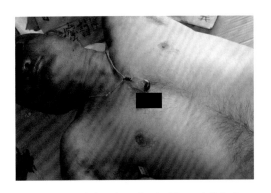

类尸斑效应分布于颜面部及颈部，呈紫红色。

图1-11 有机磷农药中毒死亡尸体的类尸斑效应

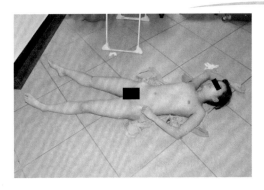

类尸斑效应分布于颈部、四肢，呈浅樱红色。

图1-12 一氧化碳中毒死亡尸体的类尸斑效应

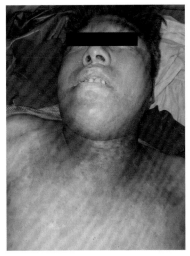

颜面部、颈部及上胸部出现棉絮状类尸斑效应。

图1-13 电击死亡尸体的类尸斑效应

不同死因的尸体类尸斑效应分布位置、形态、颜色均有差异，笔者认为类尸斑效应可以辅助推断死亡原因（图1-14）。

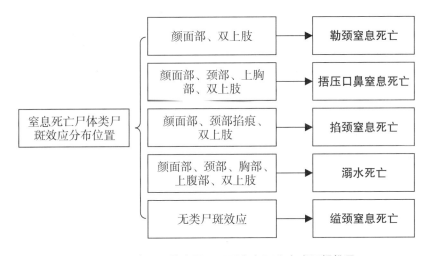

图1-14 类尸斑效应用于区别窒息死亡方式逻辑推导

第二节　瞳孔散大与缩小

　　瞳孔是虹膜中央的孔洞，正常直径为 3 ～ 4 mm。在医学上，瞳孔直径大于 5 mm，用手电筒照射眼睛，瞳孔大小不会发生变化，则判断为瞳孔散大。生前眼睛受强光照射，瞳孔会收缩，属瞳孔正常对光反射；当无外界强光照射、瞳孔直径小于 2 mm，则判断为瞳孔缩小。瞳孔散大是判断死亡的一个重要指标。生前吸食毒品会造成瞳孔针尖样缩小，而死后瞳孔会自然散大，瞳孔无法保持生前的针尖样缩小状态；有机磷农药中毒亦会引起瞳孔缩小，死后其瞳孔亦会有不同程度的散大，影响法医对瞳孔散大和缩小的判断。目前，法医学并无判断瞳孔散大和缩小的具体数值依据。笔者根据多年法医学工作经验，认为虹膜直径可作为判断瞳孔散大、缩小的依据：当瞳孔直径小于虹膜直径的 1/2 时，可判断为瞳孔缩小（图 1-15 至图 1-18）；当瞳孔直径大于虹膜直径的 1/2 时，可判断为瞳孔散大（图 1-19、图 1-20）。

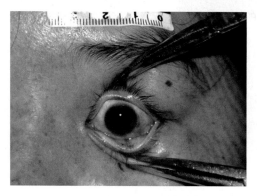

瞳孔缩小，瞳孔直径小于虹膜直径的 1/2。

图 1-15　草甘膦中毒死亡

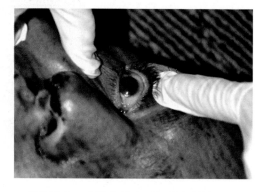

瞳孔缩小，瞳孔直径小于虹膜直径的 1/2。

图 1-16　甲基苯丙胺中毒死亡

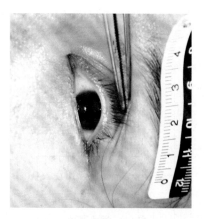

瞳孔缩小，瞳孔直径小于虹膜直径的 1/2。

图 1-17　毒鼠强中毒死亡

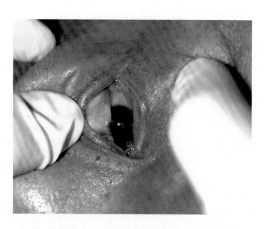

左眼瞳孔缩小，瞳孔直径明显小于虹膜直径的 1/2。

图 1-18　高坠死亡

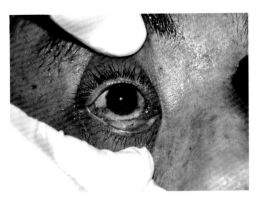
瞳孔散大，瞳孔直径大于虹膜直径的1/2。
图1-19　乙醇中毒死亡

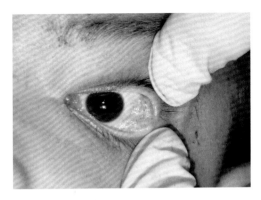
瞳孔散大，瞳孔直径大于虹膜直径的1/2。
图1-20　窒息死亡

大多数死因的尸体瞳孔均呈现散大状态，而死后瞳孔缩小则常见于有机磷农药、马钱子、毒鼠强（图1-17）、氟乙酰胺、安眠镇静药物、氯氮平等精神类药物、吗啡类毒品中毒，以及电击和部分高坠死亡（图1-18）的尸体。故当尸体检验发现瞳孔缩小的改变，则应考虑上述毒物中毒、电击及高坠的可能。瞳孔缩小推断死因如图1-21所示。

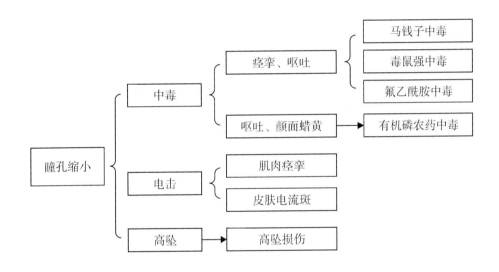

图1-21　由瞳孔缩小推断死亡原因

第三节　脂肪样皮革样化

人体在正常状态下，全身各器官组织均含有一定量的水分；机体经体表蒸发不断地流失水分，但也不断地从食物中摄取水分，并通过血液循环将水分运输至全身各部，保持水分动态平衡，使皮肤不发生干燥。人死后，摄取水分的能力丧失，血液循环停止，水分从尸体皮肤较薄的部位和有表皮剥脱处迅速蒸发，且蒸发丧失的水分不能得到补充，导致尸体皮肤局部干燥，质地变硬，呈蜡黄色、黄褐色或深褐色，这种变化称为皮革样化。在法医学实践中，以休克为死亡机理的尸体腐败后，局部乃至全身皮肤呈现黄色，与皮下脂肪颜色一致，且伴有皮肤质地变硬，笔者将这种改变命名为脂肪样皮革样化(图1－22)。

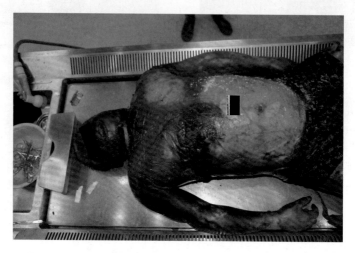

左胸、腹部、双前臂部分皮肤呈皮下脂肪样的黄色，触之质地发硬。

图1－22　脂肪样皮革样化

脂肪样皮革样化常见于碎尸块(图1－23)、失血性休克、创伤性休克、消化道出血(图1－24)，伴有生前或死后损伤的溺水(图1－25)、颅脑损伤(图1－26)死亡尸体，以及部分中毒尸体(图1－27、图1－28)的非低下部位，上述死亡原因均有能引起机体休克的因素参与，故脂肪样皮革样化的出现提示死亡与失血、创伤、中毒等能引起机体休克的因素有关。

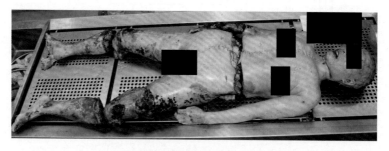

表面出现大面积脂肪样皮革样化改变。

图1－23　碎尸块

尸体全身多部位出现脂肪样皮革样化改变。

图1-24　消化道出血死亡尸体

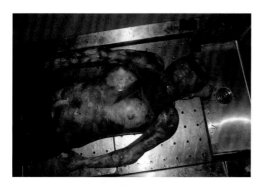

双上肢出现脂肪样皮革样化改变。

图1-25　溺死伴头部螺旋桨损伤尸体

背部及双下肢出现大面积脂肪样皮革样化改变。

图1-26　颅脑损伤死亡尸体

右上肢、腹部出现脂肪样皮革样化改变。

图1-27　苯酚中毒尸体

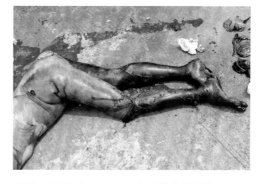

臀部及大腿出现大面积脂肪样皮革样化改变。

图1-28　有机磷农药中毒尸体

　　脂肪样皮革样化通常为休克死亡尸体腐败后的伴随现象，生前因失血、创伤、中毒等引起的机体休克发展越充分，死后尸体皮肤的脂肪样皮革样化的分布范围、面积就越大、越广。脂肪样皮革样化形成机理：失血、创伤、中毒等原因引起机体休克死亡的尸体，体表皮肤及皮下组织缺血，皮肤切面苍白，皮下脂肪内血管空虚，切面无血管内血液溢出（图1-29）；尸体腐败后，皮肤因腐败、脱水呈半透明态，皮下脂肪颜色可透过半透明的皮肤显露，使局部皮肤呈现脂肪样皮革样化（图1-30）。

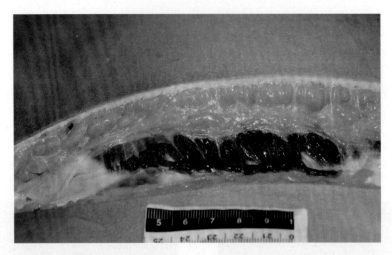

图 1-29　失血性休克死亡尸体皮肤及皮下组织

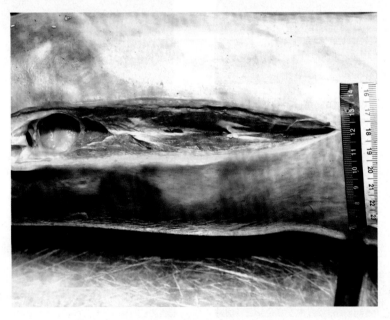

皮肤组织缺血，腐败后皮肤无浅绿色或墨绿色改变，脂肪组织透过皮肤呈现浅黄色，局部皮肤呈现脂肪样皮革样化改变。

图 1-30　失血性休克死亡尸体四肢皮肤及皮下组织

　　死亡过程无休克因素参与的尸体，皮肤皮内及皮下组织含血量丰富，随着尸体腐败发展，皮内及皮下血液腐败、自溶并向血管外渗透、浸染，皮肤呈现浅绿色或墨绿色改变，从而遮盖皮下脂肪颜色（图 1-31、图 1-32），体表无法形成脂肪样皮革样化改变。

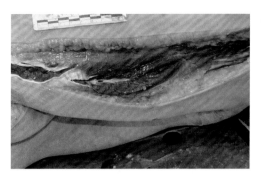

溺死尸体上肢皮肤皮内及皮下组织含血量多，腐败后呈现浅绿色，遮盖皮下脂肪颜色。

图 1 - 31　溺死尸体上肢皮肤及皮下组织

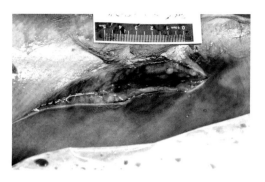

溺死尸体上肢皮肤皮内及皮下组织含血量多，腐败后呈现墨绿色，遮盖皮下脂肪颜色。

图 1 - 32　溺死尸体上肢皮肤及皮下组织腐败后改变

　　脂肪样皮革样化改变是由机体休克死亡过程导致的皮肤皮内及皮下组织缺血后的尸体体表腐败变化，机体休克发展越严重，体表组织缺血范围越大，死后尸体腐败过程中出现脂肪样皮革样化改变的皮肤面积就越大。失血性休克、消化道出血死亡的尸体腐败后全身皮肤均可出现脂肪样皮革样化，颅脑损伤、中毒死亡的尸体腐败后四肢或胸腹部皮肤可局部出现脂肪样皮革样化，溺死伴死后损伤的尸体皮肤脂肪样皮革样化多出现在受损皮肤的周围，而碎尸块的脂肪样皮革样化多出现在尸块断端周围。根据体表脂肪样皮革样化改变分布可进行死因推断，如图 1 - 33 所示。

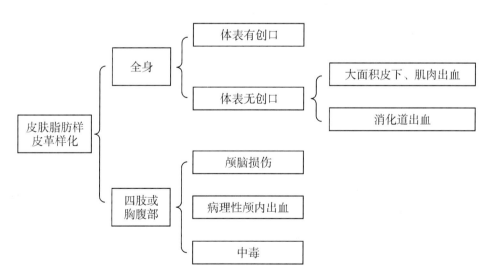

图 1 - 33　由皮肤脂肪样皮革样化改变推断死亡原因

第四节　休克死亡尸体征象

教科书中关于失血性休克死亡的尸体征象有皮肤黏膜苍白、睑结膜苍白、甲床苍白、双肺苍白、心腔空虚、肝脏色淡、脾脏色淡、肾脏色淡。笔者认为失血性休克死亡的尸体征象远不止上述几种，还应包括：头皮和颅骨骨膜苍白（图1-34）、颅骨板障缺血（图1-35）、硬脑膜血管及大脑表面血管空虚（图1-36）、脑白质色淡（图1-37）、胸壁肌肉色淡（图1-38）、心脏血管空虚（图1-39）、气管黏膜苍白（图1-40）、肺脏切面干燥（图1-41）、肝脏呈以缺血区域为主的地图样改变（图1-42）、脾脏呈以缺血区域为主的地图样改变（图1-43）、胰腺切面呈土黄色改变（图1-44）、肠壁血管空虚（图1-45）、子宫色淡（图1-46）、四肢肌肉色淡（图1-47）等。

头皮苍白、颞肌色淡、骨膜苍白。

图1-34　失血性休克死亡尸体头皮和颅骨骨膜

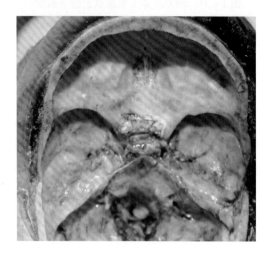

图1-35　失血性休克死亡尸体颅骨板障缺血、空虚

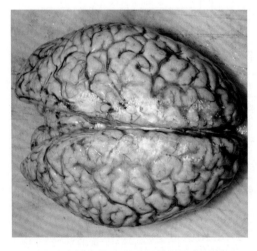

大脑表面血管部分空虚，血管内有多量空泡。

图1-36　失血性休克死亡尸体大脑表面血管

图1-37　失血性休克死亡尸体脑白质色淡

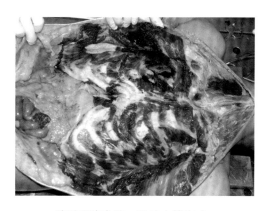

胸壁肌肉色淡、肠壁血管空虚。

图 1-38 失血性休克死亡尸体胸壁肌肉

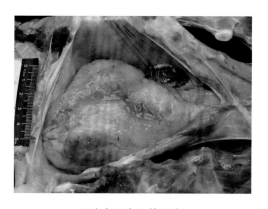

心脏表面大血管空虚。

图 1-39 失血性休克死亡尸体心脏

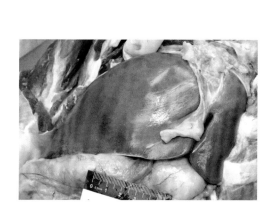

图 1-40 失血性休克死亡尸体气管黏膜苍白

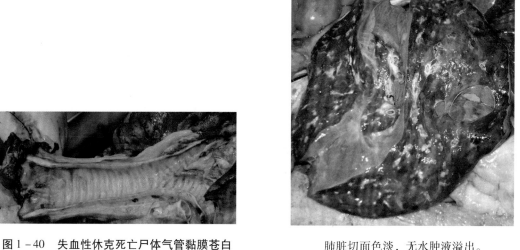

肺脏切面色淡，无水肿液溢出。

图 1-41 失血性休克死亡尸体肺脏切面

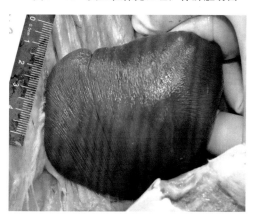

肝脏表面颜色不均，呈地图样改变，大部分缺
血区域呈土黄色，小部分淤血区域呈暗红色。

图 1-42 失血性休克死亡尸体肝脏呈以缺血
区域为主的地图样改变

脾脏表面颜色变浅，包膜皱缩。

图 1-43 失血性休克死亡尸体脾脏呈以缺血
区域为主的地图样改变

胰腺切面呈土黄色，切面血管内无血液溢出。

图1-44　失血性休克死亡尸体胰腺切面

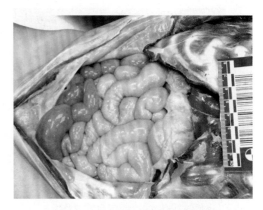

肠壁苍白，肠系膜及肠壁血管空虚。

图1-45　失血性休克死亡尸体肠壁血管

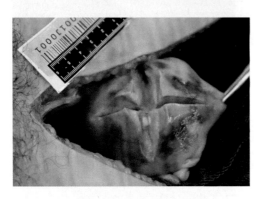

子宫体大部分色淡，局部淤血区域呈暗红色，总体呈以缺血区域为主的地图样改变；切面色淡，血管内无血液溢出。

图1-46　失血性休克死亡尸体子宫

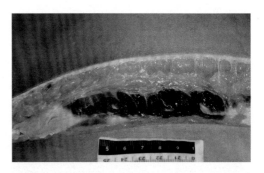

四肢皮肤切面苍白，肌肉色淡。

图1-47　失血性休克死亡尸体四肢肌肉

上述失血性休克死亡的尸体征象均为机体失血所致，但并非所有失血性休克死亡尸体均呈现一致的尸体征象，各组织、脏器休克征象亦随失血量的不同而有所差异。机体失血初期，外周血管收缩，静脉回流增加，保障主要脏器的血液灌注，故四肢皮肤、肌肉会率先出现苍白、切面色淡、血管空虚的休克征象。机体继续失血，外周血管收缩不足以保障所有脏器血液有效灌注时，为了保障心、脑供血，肝脏、脾脏等储血器官的部分血窦内血液会减少，导致脏器局部颜色变浅，脏器表面呈现失血区与淤血区交界，像地图上的行政区域一样呈斑块样分布，故称为肝脏、脾脏地图样改变（图1-48、图1-49）。随着失血继续，肝脏、脾脏缺血区域会逐步扩大，肝脏表面土黄色区域分布越来越广，脾脏表面缺血的粉红色区域分布越来越广，直至脏器表面全部呈现土黄色（图1-42）或粉红色（图1-43）。

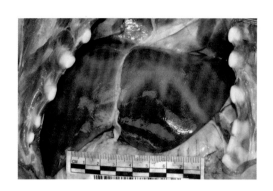

缺血严重区域呈现土黄色，缺血轻微区域呈现粉红色。

图 1-48　失血性休克死亡尸体肝脏地图样改变

缺血严重区域呈现粉红色，缺血轻微区域呈现暗红色。

图 1-49　失血性休克死亡尸体脾脏地图样改变

　　肾脏亦会因自身血流灌注不足而呈现缺血后的休克改变：灌注不足初期，皮质率先出现缺血改变，缺血区域呈现粉红色，非缺血区域呈现暗红色，缺血区域和非缺血区域相间分布而使肾脏表面呈现地图样改变(图 1-50)；随着灌注不足继续发展，皮质缺血区域会逐步扩大，表面粉红色区域分布越来越广，直至肾脏表面全部呈现粉红色，地图样改变消失(图 1-51)，此时肾脏切面皮质因缺血而呈粉红色，髓质则因淤血而呈现暗红色，皮髓质分界清晰(图 1-52)；当肾脏灌注严重不足时，髓质亦会因缺血而颜色变浅，此时皮髓质均呈粉红色，皮髓质分界不清或消失(图 1-53)。

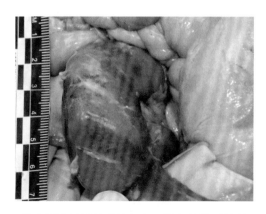

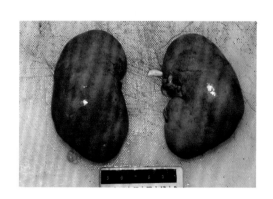

缺血严重区域呈现粉红色，缺血轻微区域呈现暗红色。

图 1-50　失血性休克死亡尸体肾脏表面地图样改变

肾脏色浅，表面近乎全部呈现粉红色，肾脏地图样改变消失。

图 1-51　失血性休克死亡尸体肾脏表面地图样改变消失

肾脏皮质色浅，呈粉红色；髓质淤血，呈暗红色，皮髓质分界清晰。

图1-52　失血性休克死亡尸体肾脏切面皮髓质分界清晰

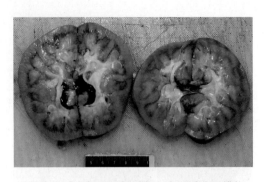

双肾皮髓质全部呈现粉红色，皮髓质分界模糊。

图1-53　失血性休克死亡尸体双肾皮髓质分界模糊

　　肝脏、脾脏、肾脏表面均会因失血而呈现地图样改变，且地图样改变的缺血区域和非缺血区域面积会随休克发展而改变，故可以根据肝、脾、肾表面地图样改变缺血区域和非缺血区域的相对面积来判断机体的休克程度，结合生前失血量对二者进行相关性分析，可以实现利用肝、脾、肾表面地图样改变的缺血区域和非缺血区域的相对面积来推断生前失血量。

　　上述失血性休克死亡尸体征象亦可在创伤性休克、神经源性休克、中毒性休克、感染性休克死亡的尸体中出现，只是程度较失血性休克死亡尸体轻。肝、脾、肾地图样改变亦非只在失血性休克的尸体中出现，在窒息、颅脑损伤、中毒、电击、烧死等死因的尸体中亦会出现，这将在后续相关章节中详细阐述。

第五节　非休克死亡尸体征象

　　非休克死亡尸体征象是指非失血、创伤类死因死亡尸体所呈现的尸体征象，以淤血为特征，心源性猝死、窒息死亡尸体呈现典型的非休克死亡尸体征象。常见的非休克死亡尸体征象有尸斑浓重（图1-54）、颜面淤紫（图1-55）、睑球结膜充血、口唇及甲床发绀、头皮及颞肌斑片状出血（图1-56）、颅骨板障淤血（图1-57）、硬脑膜血管怒张（图1-58）、大脑表面血管怒张伴交通支开放、脑淤血、喉头充血水肿（图1-59）、胸腹腔脏器淤血（图1-59、图1-60）、胸腔血性渗出液（图1-61）、肌肉淤血呈暗红色（图1-62）。

图1-54　窒息死亡尸体尸斑浓重伴出血点

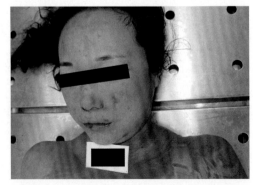

图1-55　窒息死亡尸体颜面淤紫伴出血点

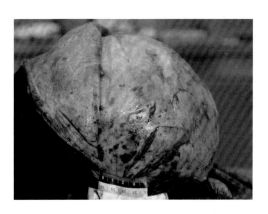

图 1 - 56　窒息死亡尸体头皮、颞肌淤血
伴斑片状出血

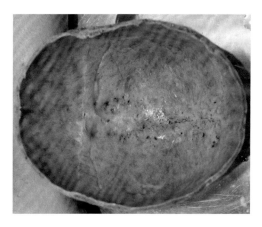

图 1 - 57　窒息死亡尸体颅骨板障淤血

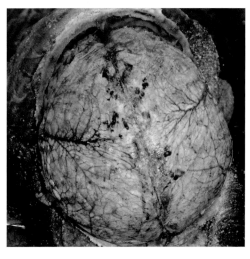

图 1 - 58　窒息死亡尸体硬脑膜血管怒张

图 1 - 59　窒息死亡尸体双肺和气管黏膜淤血

图 1 - 60　心源性猝死尸体肾脏淤血且皮髓质
分界不清

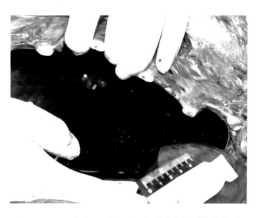

图 1 - 61　窒息死亡尸体胸腔大量血性渗出液

图1-62 窒息死亡尸体胸壁肌肉淤血呈暗红色

非休克死亡尸体征象并非仅仅出现在窒息死亡、心源性猝死的尸体中。在窒息死亡尸体中，肝、脾表面会呈现地图样改变的休克死亡尸体征象；在颅脑损伤死亡尸体中，大脑、双肺呈淤血改变，而肝、脾会出现以淤血区域为主的地图样改变的休克死亡尸体征象；在有机磷中毒死亡尸体中，大脑、双肺呈淤血改变，而肝、脾、肾会出现以淤血区域为主的地图样改变的休克尸体征象。休克死亡尸体征象并非只在休克类死因的尸体中出现，非休克死亡尸体征象亦非只在窒息、心源性猝死等非休克类死因的尸体中出现，在大多数死因中，尸体往往同时呈现休克、非休克死亡尸体征象。

第六节　溺死尸体不易形成尸斑原因

《法医病理学》（人民卫生出版社，第4版）"溺死"章节记载水中早期尸体征象为尸斑浅淡、出现慢，尸体在水中常随水流漂浮翻滚，体位多不固定，尸斑很难在身体某一低下部位形成；同时皮肤血管遇冷水刺激而收缩，故尸斑出现缓慢而又不明显。上述2种解释尚无法解释几乎所有水中尸体均不易形成尸斑的现象。江、河、海中的尸体会随水流而发生体位变化，无法保持固定体位，所以不易形成尸斑。但为什么在没有水体流动的湖泊、池塘内发现的尸体亦不易形成尸斑？此时以"皮肤血管受冷水刺激收缩"来解释尸斑不易形成的原因似乎很完美，但是为什么冻死尸体却有鲜红色尸斑？广东、海南夏季在无水体流动的湖泊、池塘内发现的尸体同样不易形成尸斑，这又该如何解释？

尸体血液因重力坠积于低下部位未受压迫的血管，使该处皮肤呈现的有色斑痕称为尸斑。尸斑的形成需要同时满足2个条件：①血液坠积发生的体位；②未受压迫的血管。尸体在流动水域中经常会发生体位变动，但体位变动亦不是时时刻刻发生的，总归会处于一个固定体位一段时间，非流动水域中的尸体更是长时间处于固定体位，所以无论是流动水域，抑或是静止水域中的尸体均具备发生血液向下坠积的体位条件。但流动和静止水域中的尸体均被水体包裹，水的浮力均匀作用于身体表面，即便尸体浮于水面，尸体的水下部分皮肤及皮下组织内的血管亦受浮力压迫，导致向下坠积的血液无法到达皮肤及皮下血管内，也就无法透过皮肤显现，形成尸斑。因此，浮力才是水中尸体不易形成尸斑的原因。

第七节　呼吸道泡沫

不同死亡原因的新鲜尸体的口鼻腔、气管内常常会出现不同颜色(如白色、粉红色、血性泡沫)、不同形态的泡沫,不同死因尸体的呼吸道泡沫的形态和颜色亦有不同。

一、窒息死亡尸体呼吸道泡沫

窒息死亡的尸体呼吸道泡沫为缺氧后肺水肿所致。死亡过程迅速的窒息死亡尸体,肺脏因短时间缺氧而发生单纯性肺水肿,水肿液外溢致呼吸道出现白色泡沫(图1-63);死亡过程较长的窒息死亡尸体因缺氧时间较长,血管通透性增加,肺内水肿液有血液渗透,故呼吸道内泡沫呈淡红色(图1-64);儿童窒息死亡尸体呼吸道内多出现密集白色泡沫(图1-65)。

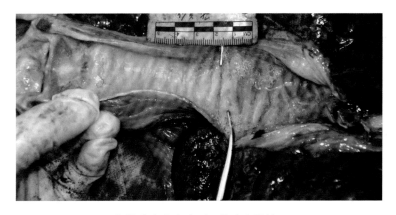

气管腔内有大小不一的白色泡沫。

图1-63　缢颈死亡尸体呼吸道出现白色泡沫

口鼻周出现大小不一的粉红色泡沫。

**图1-64　掐颈窒息死亡尸体呼吸道内
淡红色泡沫**

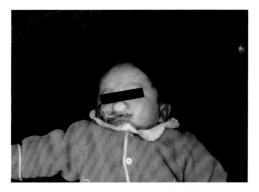

**图1-65　闷死婴儿尸体口鼻周出现密集
白色泡沫**

二、有机磷农药中毒死亡尸体呼吸道泡沫

有机磷农药中毒死亡尸体呼吸道泡沫以密集分布的小气泡为主，且气泡呈现黄绿色（图1-66、图1-67），为有机磷农药中毒后乙酰胆碱聚集致平滑肌和腺体的节后神经纤维受累时产生的毒蕈样症状之一，即乙酰胆碱聚集致气管黏膜分泌产生小气泡，而非肺淤血、水肿所致。

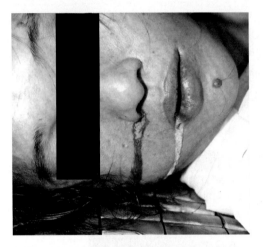

图1-66　有机磷农药中毒死亡尸体口鼻周
泡沫以密集分布的小泡沫为主

图1-67　有机磷农药中毒死亡尸体气管腔
内出现密集分布的黄绿色泡沫

三、电击死亡尸体呼吸道泡沫

电击死亡尸体呼吸道泡沫以气管内壁大小均匀的白色泡沫为主（图1-68），其形成与电流刺激气管黏膜分泌有关，与肺淤血、肺水肿所致的呼吸道泡沫形态不同。在死后受电击的尸体呼吸道内无如图1-68所示的大小均匀的白色泡沫（图1-69）。可将气管黏膜分泌的大小均匀的白色泡沫作为电击死亡的特有依据，用来鉴别生前电击死亡与死后电击。

图1-68　电击死亡尸体气管黏膜分泌大量
密集白色泡沫

图1-69　死后受电击尸体气管壁无大小
均匀的白色泡沫分泌

四、心源性猝死尸体呼吸道泡沫

心源性猝死尸体呼吸道泡沫为大小不一的粉红色泡沫，为心力衰竭致肺部淤血、水肿所致（图1-70、图1-71）。

图1-70　心源性猝死尸体气管腔内有大小
不一的粉红色泡沫

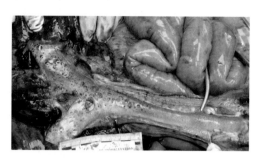

大小不一的粉红色泡沫由肺内经支气管溢出，充满整个气管腔。
图1-71　心源性猝死尸体气管腔内大小
不一的粉红色泡沫

五、烧死尸体呼吸道泡沫

烧死尸体呼吸道泡沫多见于气管腔内，呈血性，并伴随气管内大量血性水肿液，为呼吸道受热作用后出血所致，受热后于出血表面形成血性气泡（图1-72）。

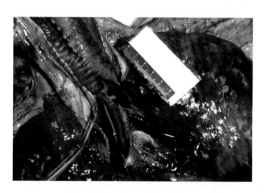

气管内大量血性液体，血性液体表面有血性泡沫。
图1-72　烧死尸体气管内的血性气泡

六、颅脑损伤死亡尸体呼吸道泡沫

颅脑损伤死亡尸体气管内出现大量浓稠源血性液体，较窒息死亡、烧死尸体气管腔内血性液体更浓且黏稠，源血性液体表面分布大量密集血性泡沫，较烧死尸体气管腔内的血性液体及血性泡沫色更深且浓密（图1-73）。

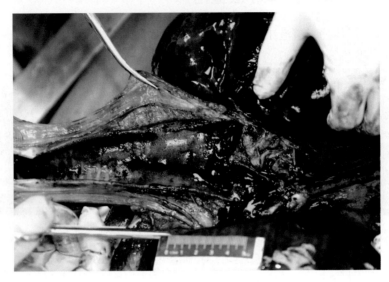

气管内大量源血性液体，血性液体较烧死尸体气管内血性液体更浓稠，表面血性泡沫较烧死尸体气管内血性泡沫更密集且颜色深。

图1-73　颅脑损伤死亡尸体气管内的源血性液体和血性泡沫

七、盐酸地芬尼多中毒死亡尸体呼吸道泡沫

　　盐酸地芬尼多中毒死亡尸体呼吸道泡沫为源血性的浓密泡沫（图1-74），与颅脑损伤死亡尸体呼吸道泡沫形成机理类似。盐酸地芬尼多会增加椎动脉供血，大剂量服用后会造成椎动脉破裂出血，压迫呼吸中枢，与颅脑损伤致死机理类似，故这两种原因死亡的尸体呼吸道泡沫形态类似。

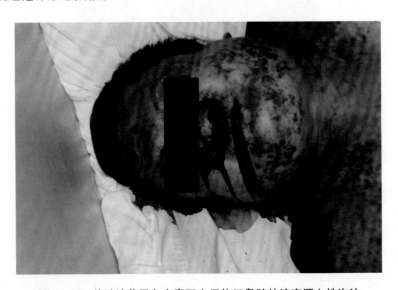

图1-74　盐酸地芬尼多中毒死亡尸体口鼻腔的浓密源血性泡沫

八、安眠镇静类药物中毒死亡尸体呼吸道泡沫

安眠镇静类药物中毒死亡尸体呼吸道泡沫多分布于气管腔内水肿液表面，其形成机理为安眠镇静类药物抑制呼吸中枢，引起肺高度淤血、水肿，血性水肿液充满气管腔，使水肿液表面出现大小不一的血性泡沫(图1-75)。

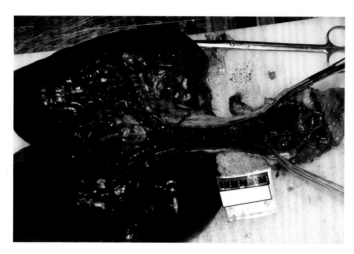

肺高度淤血、水肿，血性水肿液充满气管腔，液面上有大小不一的血性泡沫。

图1-75　安眠药中毒死亡尸体的血性泡沫

九、溺死尸体呼吸道泡沫

溺死者在溺水过程中吸入大量溺液至肺内，肺因溺液和血液混合而成的粉红色水肿液外溢至支气管乃至口鼻腔内，导致溺死尸体呼吸道内有泡沫(图1-76)。

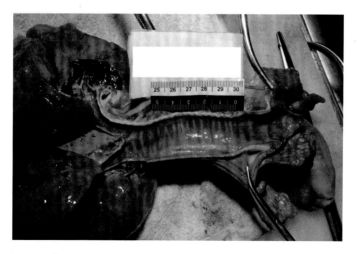

肺因溺液稀释颜色变浅淡，气管内有大量粉红色泡沫，肺脏切面溢出粉红色泡沫。

图1-76　溺死尸体气管内的粉红色泡沫

表1-1　各死因死亡尸体呼吸道泡沫差异

死因	呼吸道泡沫形成机理	泡沫形态	泡沫颜色	水肿液颜色
窒息	缺氧致肺水肿	大小不一	白色、淡红色	淡红色
溺死	溺液吸入	密集小泡沫	粉红色	粉红色
有机磷农药中毒	气管黏膜分泌	密集小泡沫	黄绿色	血色
电击	气管黏膜分泌	密集小泡沫	白色	血色
心源性猝死	肺淤血、水肿	大小不一	粉红色	淡红色
烧死	呼吸道受热作用	小泡沫为主	深红色	深红色
颅脑损伤	中枢抑制	浓密小泡沫	血色	血色
盐酸地芬尼多中毒	中枢抑制	浓密小泡沫	血色	血色
安眠镇静药中毒	中枢抑制	大小不一	深红色	深红色

第八节　腐败渗出液

尸体腐败渗出液分为体表腐败渗出液、口鼻腔腐败渗出液、消化道腐败渗出液3种。尸体腐败过程中尸体表面形成腐败水疱，腐败水疱胀破后其内腐败渗出液体外溢形成尸表腐败渗出液(图1-77、图1-78)；尸体腐败过程中，腐败气体积聚，胸腹腔内压增高，肺脏受压而使集聚在双肺、支气管和气管中的血性液体经口鼻溢出，形成口鼻腔腐败渗出液；尸体腐败过程中，肠道内容物因受压迫而溢出，形成消化道腐败渗出液(图1-78)。

消化道出血(图1-77至图1-79)、失血性休克(图1-80、图1-81)、农药中毒(图1-82、图1-83)、一氧化碳中毒(图1-84)死亡尸体腐败后尸表腐败渗出液为淡红色或黄色的非血性渗出液；窒息死亡(图1-85、图1-86)尸体腐败后尸表腐败渗出液为含血量丰富的暗红色血性渗出液；消化道出血、失血性休克死亡尸体口鼻腔腐败渗出液为非血性渗出液；农药中毒、一氧化碳中毒、窒息死亡尸体口鼻腐败渗出液为血性渗出液；消化道出血死亡尸体消化道腐败渗出液为血性渗出液，其余死因死亡尸体消化道腐败渗出液为非血性。

图1-77 消化道出血死亡尸体下肢腐败水疱破裂后
渗出淡红色腐败液体

头面部渗出淡黄色腐败液体，肛门排出血性腐败液体。

图1-78 消化道出血死亡尸体头面部和
肛门渗出腐败液体

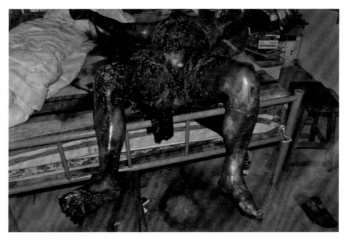

图1-79 消化道出血死亡尸体全身腐败水疱破裂后
渗出淡黄色腐败液体

图 1-80　头部创口致失血性休克合并颅脑损伤
死亡尸体腐败后渗出淡黄色腐败液体

尸体腐败后渗出黄色腐败液体。
图 1-81　胸部锐器创致失血性休克死亡尸体

图 1-82　口服有机磷农药中毒死亡尸体周边渗出
黄色腐败液体

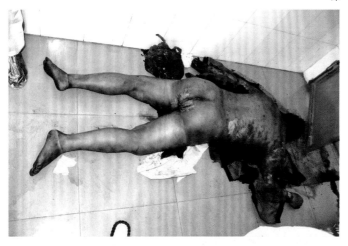

口鼻腔渗出暗红色腐败血水，下半身渗出少量淡黄色腐败液体。

图 1-83　口服除草剂中毒死亡尸体

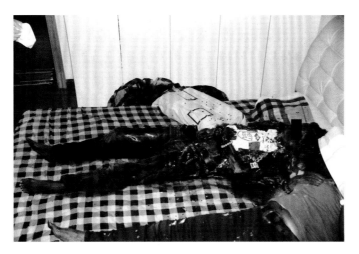

口鼻周渗出血性腐败液体，躯干渗出黄色腐败液体。

图 1-84　一氧化碳中毒死亡尸体

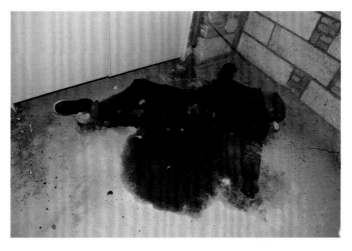

图 1-85　塑料袋套头窒息死亡尸体腐败渗出液由头面部
及上半身向下流淌

图1-86　捂压口鼻窒息死亡尸体渗出大量血性腐败液体

　　窒息、失血性休克、消化道出血、农药中毒、一氧化碳中毒死亡尸体的三类尸体腐败渗出液呈现各自特征(表1-2)，可以将腐败渗出液作为腐败尸体死因推断的一个指标。实际工作中，并非每一具腐败尸体都可以同时出现口鼻腔、消化道、体表腐败渗出液，口鼻腔和体表腐败渗出液较为常见，几乎每具腐败尸体都可检见；无法检见消化道腐败渗出液时，口鼻腔、体表腐败渗出液亦可提示可能的死亡原因。当口鼻腔和体表腐败渗出液均为血性时，考虑能引起皮肤、肌肉淤血改变的死因，如窒息、心源性猝死、电击；当口鼻腔腐败渗出液为血性、体表腐败渗出液为非血性时，考虑能引起肺淤血、水肿，同时致皮肤缺血改变的死因，如一氧化碳中毒、农药中毒；当口鼻腔、体表腐败渗出液均为非血性时，考虑能引起全身休克改变的死因，如失血性休克、消化道出血。

表1-2　各死因尸体腐败渗出液分布差异

死因	口鼻腔腐败渗出液	消化道腐败渗出液	体表腐败渗出液
窒息	血性	非血性	血性
失血性休克	非血性	非血性	非血性
消化道出血	非血性	血性	非血性
农药中毒	血性	非血性	非血性
一氧化碳中毒	血性	非血性	非血性

第九节　脑组织自溶

　　人死后，脑组织因受细胞内各种固有酶作用而发生细胞结构的破坏和溶解，使脑组织软化(图1-87)和液化(图1-88)，这种现象称为脑组织自溶。

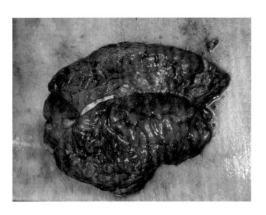

图 1-87　夏季溺水死亡后 1 天脑组织软化

图 1-88　秋季颅脑损伤死亡后 6 天脑组织液化

　　对以往死亡时间明确的腐败尸体的案件资料进行回顾性研究发现，颅内环境相对稳定，受外界因素影响小，脑组织颜色改变、软化、液化程度随死亡时间延长呈现规律性特征改变，因此将脑组织软化、液化程度按 1 至 6 度进行分级（图 1-89 至图 1-94）。

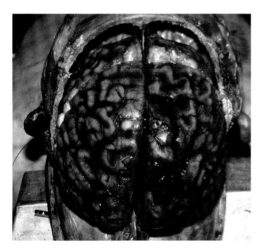

脑表面血管内血液未自溶，脑组织可对抗重力不下坠。

图 1-89　脑组织自溶分级 1 度

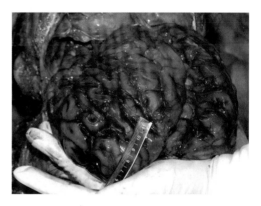

脑组织血管内血液自溶外渗，脑组织开始软化，脑底组织无法对抗重力。

图 1-90　脑组织自溶分级 2 度

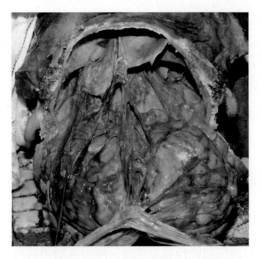

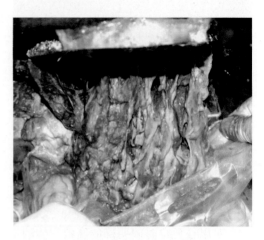

脑组织血管内血液自溶外渗致脑回均质红染，脑组织软化加剧，大脑表面部分组织开始液化。

图 1-91　脑组织自溶分级 3 度

脑组织彻底软化，完全不能对抗重力，脑组织呈浓稠态向下流淌。

图 1-92　脑组织自溶分级 4 度

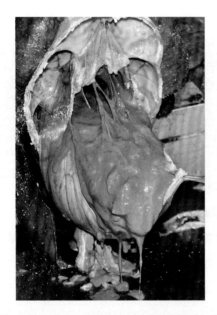

脑组织部分液化，液化组织内可见块状脑组织。

图 1-93　脑组织自溶分级 5 度

脑组织全部液化。

图 1-94　脑组织自溶分级 6 度

　　对已知死亡时间的 73 宗案件资料进行回顾性研究发现：春秋季组各死因脑组织腐败进程达到 4、5、6 度的时间无统计学差异，夏季组各死因脑组织腐败进程达到 4、5、6 度的时间亦无统计学差异，说明死因对脑组织腐败进程无影响；春秋季组和夏季组脑组织腐败进程达 4、5、6 度所用时间均有统计学差异，且夏季组脑组织腐败进程达到各分级所用时间较春秋季组短，说明温度越高，脑组织腐败进程越快，温度对脑组织软化、液化进程有影响。脑组织软化、液化呈现规律性变化，可作为腐败尸体死亡时间推断的依据。例如，广州夏季（平均气温 35 ℃）脑组织自溶达 4 度需 3 天左右（图 1 - 95），自溶达 5 度需 4 天左右（图 1 - 96），自溶达 6 度需 5 天左右（图 1 - 97）；广州春秋季（平均气温 25 ℃）脑组织自溶达 4 度需 5 天左右（图 1 - 98），自溶达 5 度需 7 天左右（图 1 - 99），自溶达 6 度需 9 天左右（图 1 - 100）。

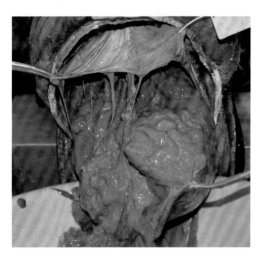

脑组织部分液化，自溶达 4 度。

图 1 - 95　夏季颅脑损伤死亡后 3 天

脑组织大部分液化，自溶达 5 度。

图 1 - 96　夏季溺水死亡后 4 天

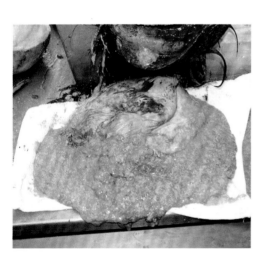

脑组织完全液化，自溶达 6 度。

图 1 - 97　夏季窒息死亡后 5 天

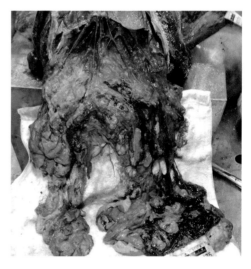

脑组织部分液化，自溶达 4 度。

图 1 - 98　春秋季颅内出血死亡后 5 天

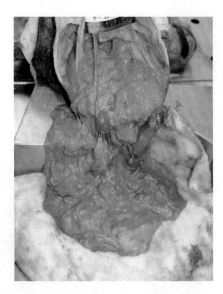

脑组织部分液化，自溶达5度。

图1-99 春秋季窒息死亡后7天

脑组织几乎完全液化，自溶达6度。

图1-100 春秋季颅脑损伤死亡后9天

第十节 皮下出血时间判断

损伤后皮下出血内血红蛋白分解物质（如含铁血黄素、胆红素和胆绿素）使血肿由暗紫红色变为蓝褐色、绿褐色、绿色和黄色（图1-101），最后消退。一般小面积皮下出血1周左右完全消失，可以根据皮下出血颜色的改变推测损伤形成时间。当皮下出血量大，血肿吸收过程变长，上述颜色演变会有所延迟，仅仅通过皮下出血颜色判断损伤时间会有偏差，我们可以通过观察皮下组织内的出血形态来辅助判断损伤时间。

损伤会造成组织出血，出血后血浆中的纤维蛋白原转变为不溶性纤维蛋白，多聚体纤维蛋白交织成网，将很多血细胞网罗其中形成凝血块；在血液凝固后1～2小时，凝血块在血小板的作用下发生收缩并析出淡黄色的血清；随后血肿被吸收或机化消除。不同损伤时间出血后的凝血块呈现不同的形态：新鲜皮下出血切面可见新鲜血液、部分凝血块；2小时以上的皮下出血切面可见凝血块，伴血浆析出；2天左右的皮下出血切面可见凝血块，尚有少量渗出血浆残留（图1-102、图1-103）；4天左右的皮下出血组织内凝血块无血浆渗出，表面开始变得不光滑（图1-104、图1-105）；6天左右的皮下出血组织内凝血块表面不光滑，凝血块开始被吸收，呈区块状分布（图1-106、图1-107）；8天左右的皮下出血组织内凝血块进一步被吸收，凝血块厚薄不一，呈网格状分布（图1-108、图1-109）；10天左右的皮下出血组织内凝血块基本被吸收，残留凝血块呈网格状、条索状分布（图1-110、图1-111）。

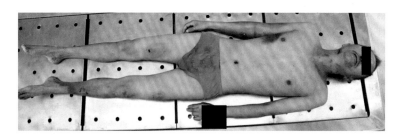

图 1-101　不同损伤时间段的皮下出血于死者全身不同部位的分布

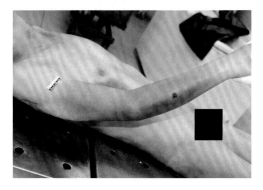

外周区域呈暗红色，中央区域呈蓝褐色，损伤时间为 2 天。

图 1-102　右上臂皮下出血

皮肤呈暗红色的区域皮内及脂肪层出血，皮肤呈蓝褐色的区域出血深达肌肉，皮下组织出血均已凝固，有少量水肿液渗出，凝血块表面反光。

图 1-103　右上臂皮下出血 2 天切面

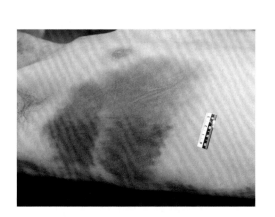

内有暗红色和蓝褐色相间，损伤时间为 4 天。

图 1-104　右胸壁皮下出血

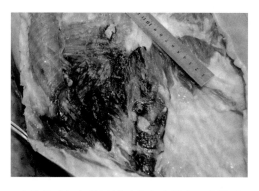

皮肤呈暗红色的区域对应出血量少，皮肤呈蓝褐色的区域对应出血量大，且出血均已凝固，凝血块表面无水肿液渗出，表面不光滑。

图 1-105　右胸壁皮下出血 4 天切面

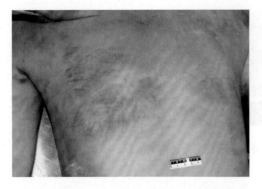

其内有暗红色、蓝褐色，周边区域呈黄褐色，损伤时间为6天。

图1-106　左肩背皮下出血

皮肤呈暗红色的区域对应出血量少，皮肤呈蓝褐色的区域对应出血量大，且皮下组织凝血块无水肿液渗入，表面不光滑，部分区域血肿被吸收致凝血块呈区块状分布。

图1-107　左肩背皮下出血6天切面

外周呈蓝绿色，中央呈暗紫红色，损伤时间为8天。

图1-108　左大腿皮下出血

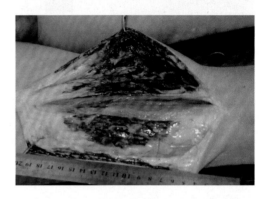

外周蓝绿色区域血肿部分被吸收，凝血块呈网格状分布；中央暗紫红色区域血肿较厚，无水肿，表面粗糙且干燥。

图1-109　左大腿皮下出血8天切面

外周区域呈暗红色，中央区域蓝褐色、黄绿色相间，损伤时间为10天。

图1-110　左小腿皮下出血

血肿大部分吸收，凝血块呈网格状、条索状分布。

图1-111　左小腿皮下出血10天切面

　　头皮与体表其他部位皮肤有所不同，头皮较其他部位皮肤厚，并且头皮有头发遮盖，不易通过观察皮下出血颜色来判断损伤时间，利用头皮下出血内凝血块形态可以辅助判断损伤时间及损伤形成先后顺序。图 1–112 至图 1–114 所示左颞部、额顶部、右颞部头皮下出血处皮肤均呈暗红色，局部肿胀，依皮下出血颜色判断损伤形成时间相近。但切开局部头皮，左颞部皮下出血内血液尚未完全凝固（图 1–115）；右颞部皮下出血内血液已完全凝固，无血浆渗出，凝血块表面稍粗糙（图 1–116）；额顶部皮下出血内血液处于吸收期（图 1–117）。根据出血凝固、吸收形态变化分析，可判断左颞部为新鲜出血，出血时间 2 小时左右；右颞部出血时间为 2 天左右；额顶部出血时间为 4 天左右。因此，头皮下出血的损伤时间推断应结合损伤处组织内血凝块形态进行分析、判断。

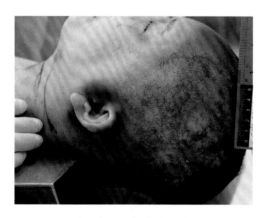

呈暗红色，局部皮肤稍肿胀。

图 1–112　左颞部头皮下出血

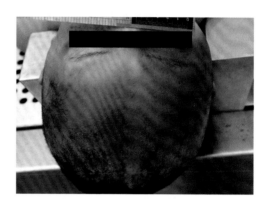

呈暗红色，局部皮肤肿胀。

图 1–113　额顶部头皮下出血

呈暗红色，局部皮肤肿胀。

图 1–114　右颞部头皮下出血

大部分血液已凝血，仍有少量尚未凝结的血液向外溢出。

图 1–115　左颞部头皮下出血切面

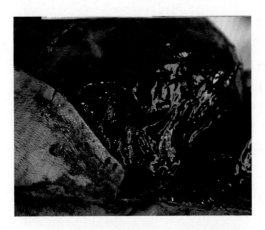

已凝血，凝血块无血浆渗出，表面略粗糙。

图 1 - 116　右颞部头皮下出血切面

已凝血，凝血块无血浆渗出，表面干燥且粗糙。

图 1 - 117　额顶部头皮下出血切面

第十一节　活产、死产

　　在法医日常工作中，我们经常遇到死胎、死产和新生儿死亡这三类围产儿死亡案件，鉴别死胎、死产和新生儿死亡是法医经常需要解决的实际问题。世界卫生组织及国际妇产科学会对死胎、死产和新生儿的判断标准进行了统一。活产（即新生儿）：不论通过自然产或手术产，胎儿全身娩出脱离母体后，只要显示过生命现象的 4 项指标中（即心跳、呼吸、脐带血管搏动、随意肌肯定收缩）任何 1 项者。死产：指妊娠满 28 周及以上（若孕周不清楚，可参考出生体重达 1 000 g 及以上）在分娩过程中死亡的胎儿。死产原因包括脐带病变（如脐带扭转、脐带脱垂等）、胎儿因素（如畸形、胎儿宫内发育迟缓、感染、多胎等）、母体病变（如过期妊娠、妊高征、心血管疾病、中毒性休克等）。日常工作中经常会把死产和死胎的概念混淆。死胎是指妊娠满 20 周及以上（如孕周不清楚，可参考出生体重达 1 000 g 及以上）在宫内死亡的胎儿。新生儿期：指出生后 4 周内的时期。早期新生儿死亡：指新生儿出生后 7 天内死亡；晚期新生儿死亡：指新生儿出生后 7 ～ 28 天死亡。

　　无论死胎、死产，抑或新生儿死亡案件，法医均须通过胎儿尸体检验判断：①胎儿是否足月；②死产还是活产；③若为活产，因何死亡？死产、活产鉴别是围产儿死因鉴定中的重要环节。胎儿全身娩出脱离母体后，只要显示过生命现象的 4 项指标（即心跳、呼吸、脐带血管搏动、随意肌肯定收缩）中任何 1 项者即为活产，心跳、脐带血管搏动及随意肌收缩征象均无法通过尸体检验明确，仅呼吸动作可以通过尸体检验寻找依据。《GA/T 151—2019 法医学新生儿尸体检验规范》中判断死产、活产的方法为肺浮扬试验与胃肠浮扬试验表 1 - 3。

表 1 - 3 肺浮扬试验及胃肠浮扬试验操作及判断方法

肺浮扬试验及胃肠浮扬试验	操作及判断方法
肺浮扬试验	肺浮扬试验结果评价参照附录 A 中 A.1.1 进行,试验按如下步骤操作: ——常规尸体解剖方法打开胸腹部,分离颈部组织; ——在喉头下方结扎气管; ——在隔肌上方结扎食管,在食管结扎上方切断食管; ——将舌、颈部脏器连同心、左右肺等胸部器官一并取出,并投入到盛有清水的广口透明容器内; ——观察各胸部器官是否上浮、上浮的部位及程度; ——如胸部器官沉入水底,则先分离各纵膈脏器,在气管结扎的上方切断气管; ——将左右肺连同气管投入水中观察浮沉情况; ——切断两侧肺门部支气管,分开左右肺,再分别投入水中,观察浮沉情况; ——顺次分离各肺叶,并分别投入水中观察浮沉情况; ——将各肺叶的不同部位剪取数小块肺组织(约 2 cm×2 cm 大小)投入水中观察
胃肠浮扬试验	胃肠浮扬试验结果评价参照附录 A 中 A.1.2 进行,试验按如下步骤操作: ——常规剖开胸腹腔,分别结扎胃的贲门、幽门及十二指肠的上部、下部; ——在空肠、回肠及结肠各段分别做多段结扎,最后结扎大肠末端; ——分离肠系膜,游离全部消化道一并取出; ——将前述游离的消化道投入水中,观察胃肠浮沉情况; ——如胃及部分肠上浮,则可将下沉部位的肠再做多段双重结扎,分别在双重结扎的中间剪断,并分别投入水中观察; ——如胃肠全部下沉,则在幽门处做双重结扎,在结扎的中间切断胃肠连结,将胃单独放入水中观察浮沉情况; ——如胃仍下沉,则在水中将胃壁剪一缺口,仔细观察是否有气泡自胃中逸出; ——将各段肠管分别剪一缺口,观察有无气泡自肠腔中逸出

　　肺浮扬试验及胃肠浮扬试验的目的是判断呼吸道、胃肠道内有无空气及空气含量,进而辅助判断胎儿出生后有无呼吸及呼吸时间长短。浮扬试验仅适用于尚未腐败的极新鲜尸体,对于胃肠道开始腐败产气的胎儿尸体则不适用。判断死胎、活胎依据为胎儿出生后有无呼吸,即肺部有无呼吸作用的痕迹遗留。浮扬试验通过检测呼吸道及消化道内有无气体辅助判断胎儿有无呼吸,操作过程略显烦琐,且属间接方法。以往判断胎儿有无呼吸最直接的方法为通过病理组织切片观察肺泡有无扩张及扩张范围,但病理组织学检查耗费时间长,时效性不佳。

　　长期以来,我们忽视了肺部呼吸扩张后的大体形态学改变特征,死产肺脏和活产肺脏的大体形态学差异足以区别死产和活产。通过观察窒息、溺水、高坠死亡胎儿的肺脏可知,这 3 种死因死亡胎儿肺脏均出现网格状分布、呼吸性肺小叶。窒息死亡胎儿肺脏表面有 2 种形态的呼吸性肺小叶,一种为正常形态的呼吸性肺小叶(图 1 - 118),于肺叶包膜平面下；一种为过度通气扩张的肺小叶，凸出于肺包膜平面，呈荨麻疹样（图1-119）。溺水死亡胎儿肺脏表面有网格状呼吸性肺小叶，呈粉红色，为溺液填充肺小叶、稀释血液所致（图1-120）。高坠死亡胎儿肺脏表面有网格状分布的正常形态的呼吸性肺小叶，部分被肺包膜下出血遮盖（图1-121）。出生后不久即死亡胎儿肺脏表面仅有少量网格状分布的呼吸性肺小叶（图1-122）。窒息死亡（图1-123）、溺死、高坠死亡（图1-124）胎儿肺浮扬试验：舌、气管、心脏、双肺联合放入水中，双肺近半浮于水面之上。出生后短时间内死亡的胎儿肺浮扬试验（图1-125）：取单肺放入水中，全肺近乎没入水面。捂压口鼻窒息死亡的胎儿肺浮扬试验（图1-126）：取单肺放入水中，全肺近半浮于水面之上。以上结果说明，双肺表面网格状分布的呼吸性肺小叶越多，肺内含气量越多，肺浮扬试验中肺脏浮出水面部分体积越大。

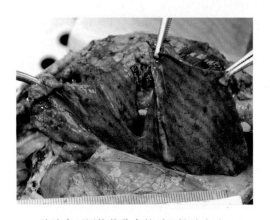

肺脏表面网格状分布的呼吸性肺小叶。

图1-118 捂压口鼻窒息死亡胎儿肺表面正常形态的呼吸性肺小叶

肺脏表面网格状分布的呼吸性肺小叶，部分肺小叶凸起于肺表面形成小气肿。

图1-119 捂压口鼻窒息死亡胎儿肺表面过度通气扩张的呼吸性肺小叶

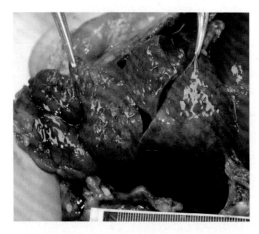

肺脏表面见粉红色网格状肺小叶，粉红色为溺液填充肺小叶后致血液稀释所致。

图1-120 溺死胎儿肺脏表面的网格状呼吸性肺小叶

肺挫伤，表面可见网格状分布的肺小叶。

图1-121 高坠死亡胎儿肺脏表面的网格状呼吸性肺小叶

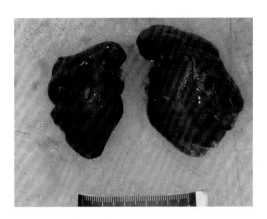

肺脏表面仅有少量粉红色网格状分布肺小叶。

图 1 - 122 出生后不久即死亡胎儿肺脏

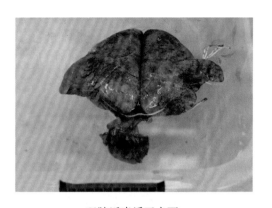

双肺近半浮于水面。

图 1 - 123 捂压口鼻窒息死亡胎儿的
肺浮扬试验

肺浮扬试验阳性。

图 1 - 124 高坠死亡胎儿的肺浮扬试验

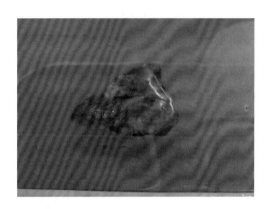

右肺近乎全部没入水中。

图 1 - 125 出生后不久即死亡胎儿的
肺浮扬试验

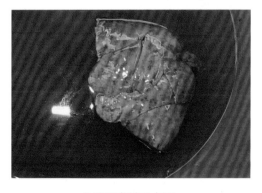

左肺近半浮于水面。

图 1 - 126 捂压口鼻窒息死亡胎儿的肺浮扬试验

在分娩过程中，胎先露部的部分软组织受到强力压迫，使不受压的先露部发生淋巴液及血液淤滞，形成局限性皮下组织水肿，出现瘤样突起，称为产瘤（图 1 - 127）。产瘤切开可见疏松皮下组织充满液体，状似胶冻，周围界限不清，有波动感（图 1 - 128），须与头皮下出血及血肿（图 1 - 129）进行区别。死产儿不发生产瘤。

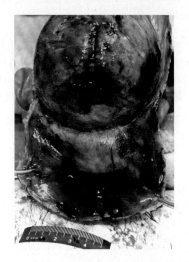

图 1 - 127　活产儿头皮下及骨膜下产瘤

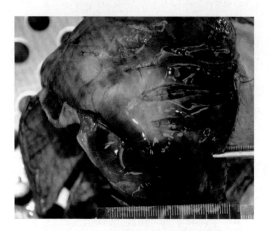

皮下组织充满液体，胶冻状，界限不清，有波动感。

图 1 - 128　活产儿头部产瘤切面

高坠致头皮下及骨膜下出血，边界清晰，血肿切开见血液流出。

图 1 - 129　活产儿头皮下出血

当胎儿产出后脐带未结扎，若胎儿出现失血导致的休克死亡尸体征象，即脐带苍白（图 1 - 130、图 1 - 131）、睑结膜苍白（图 1 - 132）时，说明胎儿为活产，生产后因脐带未结扎、胎盘或脐带断端失血致胎儿缺血；若为死产，则不会因胎盘或脐带断端失血而出现休克征象（图 1 - 133）。

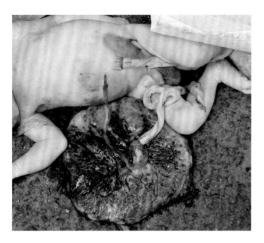

图 1 - 130　高坠死亡胎儿脐带苍白

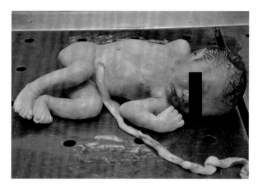

图 1 - 131　溺水死亡胎儿脐带苍白

图 1 - 132　高坠死亡胎儿睑结膜苍白

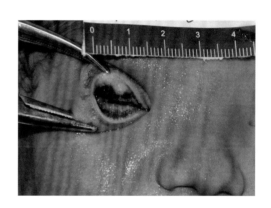

图 1 - 133　死产儿睑结膜血管内淤血

第十二节　性行为后会阴部改变

阴道是由黏膜、肌层和外膜组成的肌性管道，富有伸展性，连接子宫和外生殖器官。阴道属于女性内生殖器官的一部分，是女性的性交器官，也是排出月经血和娩出胎儿的管道[1]。静息状态的阴道深 8 ~10 cm，前壁长 7 ~9 cm，后壁长 10 ~12 cm，从底到顶稍向后倾斜。在性唤起时阴道可以扩张，有足够的空间容纳阴茎[2]。阴道有前、后壁和 2 个侧壁，前、后壁常处于相贴状态。阴道的下部较窄，以阴道口开口于阴道前庭。

性反应周期描述了性唤起过程中人体变化的过程，马斯特斯 - 约翰逊性反应四分期模型将性反应的阶段分为兴奋期、平台期、高潮期和消退期[3]。受到性刺激后，阴道将会出现一系列反应。

（1）兴奋期：性兴奋最基本的变化是血管充血。这一变化使得女性在受到性刺激后，阴道的分泌液增多，使阴道高度润滑，这个过程称为津润。阴道分泌液可由阴道流至外阴部，润滑阴道和外阴，有利于性交的进行。阴道靠内的 2/3 扩张，这一过程称为开篷，阴道的长度会增加 2.5 cm 左右，宽度变大 1 倍。

（2）平台期：平台期延续了兴奋期的血管充血和肌强直过程，最明显的变化是性高潮平台的形成，阴道的外 1/3 变得很紧，使阴道入口变小，明显增加了对阴茎的握力[4]。

（3）高潮期：在性高潮时期，肌肉会出现一系列有节奏的收缩。适度的性高潮可能会有 3 ～ 4 次收缩，剧烈延长的性高潮则会达到 12 次左右收缩。

（4）消退期：在消退期中，身体会在生理上恢复到未唤醒状态，性高潮中紧张起来的肌肉逐渐松弛，血管也逐渐收缩成原状。这一阶段通常会持续 15 ～30 分钟，没有达到性高潮的女性可能会持续 1 小时。在这个阶段中，女性的性高潮平台松弛下来，阴道空间变小[4]。

在性反应周期中阴道会伴随黏膜血管充血、肌肉强直。性行为后死亡尸体的阴道肌肉强直不易观察，但阴道黏膜血管充血较易观察。若女性尸体会阴部黏膜苍白，则提示其死亡前短时间内没有性行为（图 1 - 134）。若在女性尸体会阴部检见阴道黏膜充血，则提示死前短时间内有过性行为发生（图 1 - 135）。单次性行为和多次性行为导致的阴道黏膜充血亦有差异：单次性行为会导致局部阴道黏膜充血，充血处黏膜呈粉红色，非充血处黏膜苍白（图 1 - 136）；而多次性行为会导致全阴道黏膜充血，充血处黏膜呈暗红色，且伴随黏膜肿胀及大量分泌物（图 1 - 137）。

死前无性行为发生，会阴部黏膜无充血改变，腐败进程与周围组织一致（图 1 - 138 至图 1 - 140）；死前短时间内有性行为，因性行为导致会阴部黏膜充血，局部含血量增加，加快局部组织腐败进程，故会阴部腐败较周围组织进展快（图 1 - 141）。

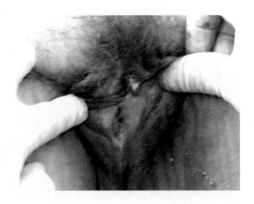

死前无性行为，会阴部黏膜苍白。

图 1 - 134　电击死亡尸体会阴部

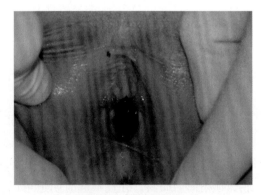

阴道黏膜及处女膜充血。

图 1 - 135　性侵过程中窒息死亡尸体会阴部（一）

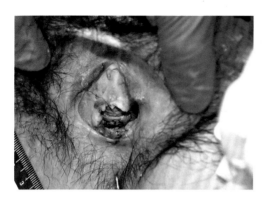

强奸致会阴部黏膜充血改变，伴局部裂伤。

图 1 - 136　性侵过程中窒息死亡尸体会阴部(二)

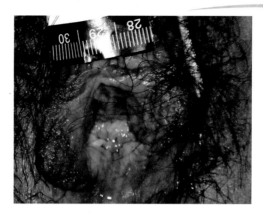

死前短时间内多次性行为，阴部黏膜大面积充血，黏膜充血、肿胀程度较单次性行为明显，且伴大量白色分泌物。

图 1 - 137　多次性行为后死亡尸体会阴部

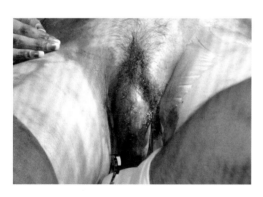

死前未发生性行为，会阴部与周围组织腐败程度一致。

图 1 - 138　死前无性行为尸体会阴部腐败后改变(一)

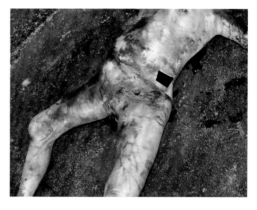

死前无性行为，会阴部与周围组织腐败进程一致。

图 1 - 139　死前无性行为尸体会阴部腐败后改变(二)

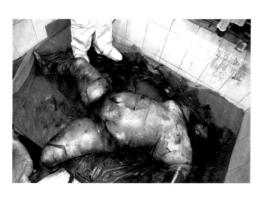

死前无性行为，会阴部与周围组织腐败进程一致。

图 1 - 140　死前无性行为尸体会阴部腐败后改变(三)

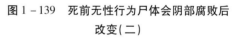

死前多次性行为，会阴部肿胀发黑，较周围组织腐败进展快。

图 1 - 141　多次性行为后死亡尸体会阴部腐败后改变

参 考 文 献

［1］丁文龙，刘学政. 系统解剖学［M］. 9 版. 北京：人民卫生出版社，2018.

［2］谢幸，孔北华，段涛. 妇产科学［M］. 9 版. 北京：人民卫生出版社，2018.

［3］威廉·L·雅博，芭芭拉·W·萨亚德，布莱恩·斯特朗，等. 认识性学(插图第 6 版)［M］.
北京：世界图书出版公司，2012.

第二章　窒　息

窒息指人体呼吸过程因某种原因受阻或异常，致全身各器官组织缺氧、二氧化碳潴留而引起的组织细胞代谢障碍、功能紊乱和形态结构损伤的病理状态。机械性窒息指因机械性作用(如缢、勒、扼颈项部)引起呼吸障碍，用物堵塞呼吸孔道，压迫胸腹部及患急性喉头水肿或食物吸入气管等造成的窒息。

第一节　窒息死亡一般尸体征象

窒息死亡尸体常见的尸表征象有颜面部淤血、发绀、肿胀、有淤点性出血，尸斑出现较早、显著，且分布较广泛，有玫瑰齿，大小便失禁。颜面部发绀、睑结膜出血点并非所有方式的窒息死亡尸体均会出现。颜面淤紫、肿胀及睑结膜出血点均因颈静脉受压，头面部血液回流受阻所致，故颜面淤紫、睑结膜出血点在勒死、扼死尸体中常见(图2-1)；捂死、溺死尸体表现为颜面部、上肢及胸部的类尸斑效应及睑结膜充血；缢死，尤其是悬空缢死的尸体，因颈部动静脉同时压闭，无头面部血液回流受阻的条件，故不会出现颜面部淤紫及睑结膜出血点，颜面及睑结膜呈现苍白改变。睑结膜出血点、大小便失禁在其他死因的死亡尸体中也会出现。中暑(图2-2)、中毒(图2-3)、电击死亡尸体中会出现睑结膜出血点，但其形态和机理与窒息并不相同。窒息死亡尸体的睑结膜出血点为颈静脉受压，头面部血液回流障碍致头面部末梢毛细血管淤血，压力增大后破裂出血所致；而中暑及安眠药中毒死亡尸体睑结膜虽有出血点，但结膜苍白，颜面苍白，属休克尸体征象。睑结膜出血点形成机理为休克时机体末梢毛细血管处血流灌注不足、缺血甚至呈空虚状态，睑结膜血流灌注不足时表现为睑结膜苍白、毛细血管空虚，部分节段毛细血管内残留少量血液则呈现出血点样改变。因此，中暑及中毒死亡尸体的睑结膜出血点严格意义上不能称为出血点，其形态亦与窒息死亡尸体特有的针尖样出血点不同，因结膜毛细血管内血液残留而呈现短弧形、短条形、点状等。尸体检验时发现睑结膜出血点，不能简单地将睑结膜出血点等同为窒息死亡特有的尸体征象。

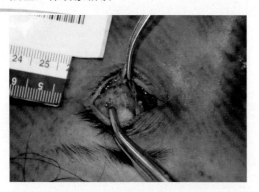

左侧球、睑结膜充血伴点状出血。

图2-1　掐颈窒息死亡

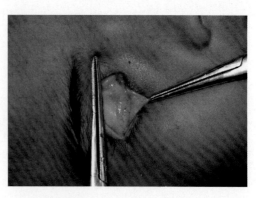

睑结膜血管空虚，颜色苍白，伴针尖样出血点。

图2-2　中暑死亡

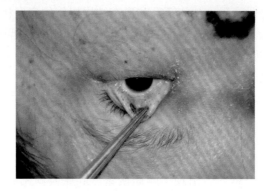

睑结膜颜色苍白，伴点状出血。

图2-3　安眠药中毒死亡

窒息死亡尸体常见内部征象有：内脏器官淤血，器官被膜下、黏膜淤点性出血，肺气肿，肺水肿，血液呈暗红色流动性。内脏器官淤血、被膜下出血点、肺气肿、肺水肿非窒息死亡尸体特有，猝死、颅脑损伤死亡、中毒死亡、电击死亡、烧死尸体也会有内脏器官淤血、被膜下出血点、肺气肿、肺水肿；大多数死因的尸体血液均呈暗红色流动性。

窒息死亡尸体组织学改变：主要为缺氧性改变，其中，脑水肿、肺水肿、肺气肿变化较为明显。脑水肿、肺水肿、肺气肿并非窒息死亡尸体特有，而是脑组织及肺组织缺氧后的正常生理改变，但能造成大脑、肺缺氧的原因并非只有窒息。

目前用来判断死因为窒息的尸表征象、内部征象及病理组织学改变均属非特异性指标，利用10余种非特异性的尸体征象组合来推断死因为窒息似乎有所欠缺。笔者将窒息死亡尸体征象分为血液回流受阻型、呼吸受阻型、缺血缺氧代偿型。

一、血液回流受阻型窒息死亡尸体征象

血液回流受阻型窒息死亡尸体征象为颈静脉受压致头面部血液回流受阻后出现的一系列尸体征象，包括颜面淤紫伴出血点（图2-4）、睑结膜淤血伴针尖样出血点（图2-1）、头皮及颞肌斑块状出血（图2-5）、颅骨表面密集出血点（图2-6）、颅骨板障淤血（图2-7、图2-8）、硬脑膜血管怒张（图2-9）。

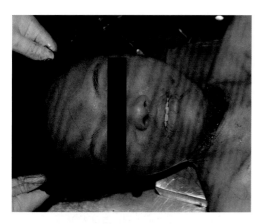

图 2-4 勒颈窒息死亡尸体颜面部淤紫伴大量
出血点

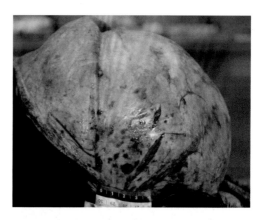

图 2-5 掐颈窒息死亡尸体颞肌及头皮斑
块状出血

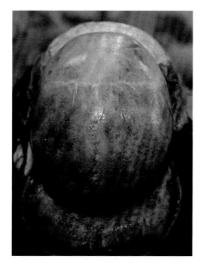

图 2-6 掐颈窒息死亡尸体颅骨表面
密集出血点，枕部头皮斑块状出血

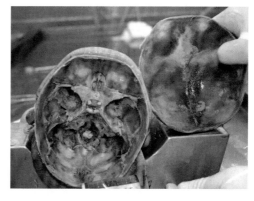

图 2-7 掐颈窒息死亡尸体颅骨
板障淤血（一）

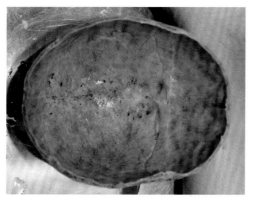

图 2-8 掐颈窒息死亡尸体颅骨
板障淤血（二）

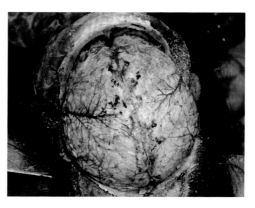

图 2-9 掐颈窒息死亡尸体硬脑膜表面
血管怒张

二、呼吸受阻型窒息死亡尸体征象

呼吸受阻型窒息死亡尸体征象为呼吸道受压迫或堵塞致呼气或吸气障碍后出现的突出于肺表面的肺气肿，均匀分布于各肺叶（图2-10至图2-13）。

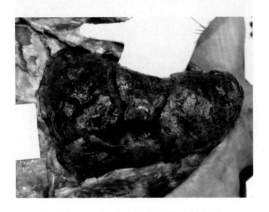

肺脏膨隆，表面及肺叶间散在肺气肿。

图2-10 缢颈窒息死亡（一）

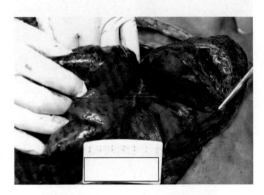

肺脏膨隆，肺叶间散在肺气肿。

图2-11 缢颈窒息死亡（二）

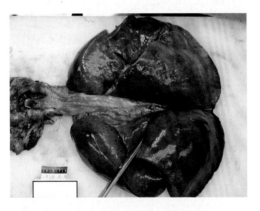

肺脏膨隆，肺泡囊扩张融合形成大小不一的肺气肿，分布于肺表面及肺叶间。

图2-12 捂压口鼻、掐颈窒息死亡

肺脏膨隆，肺泡囊扩张融合形成大小不一的肺气肿，布满肺表面。

图2-13 捂压口鼻窒息死亡

三、缺血缺氧代偿型窒息死亡尸体征象

缺血缺氧代偿型窒息死亡尸体征象为机体因缺氧引发的各脏器血液重新分配、增加心脑灌注、增加供氧所产生的一系列尸体征象，包括大脑血管怒张伴交通支开放（图2-14、图2-15）、心脏表面血管怒张伴交通支开放（图2-16、图2-17）、肝脏地图样改变（图2-18、图2-19）、脾脏地图样改变（图2-20、图2-21）、肾脏地图样改变（图2-22、图2-23）、子宫地图样改变（图2-24、图2-25）。心、脑血管怒张及交通

支开放形成机理为：心、脑缺氧后，大脑表面血管扩张、末梢毛细血管开放，增加对脑组织及心肌的血液供应而增强组织供氧。肝、脾、肾及子宫本身富含血管，自身血供丰富且充足，在机体缺氧时，上述腹腔脏器的血窦、血管收缩，减少自身血液供应，增加回流心脏血液，优先保障心脑供血，故肝、脾、肾及子宫表面局部区域因缺血而颜色变淡、变浅，非缺血区域则呈现暗红色或深红色，缺血及非缺血区域相间而呈现地图样改变。窒息时间越长，大脑及心脏表面血管怒张及毛细血管交通支开放越明显，腹腔脏器表面缺血区域所占面积也越大。

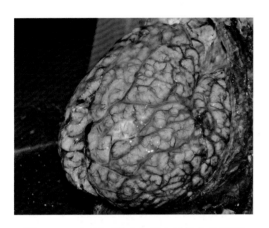

图 2 - 14　掐压口鼻窒息死亡尸体大脑表面
　　　　　血管怒张伴交通支开放

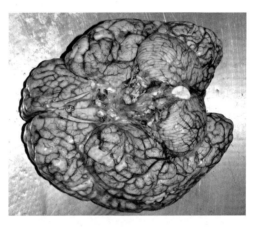

图 2 - 15　掐压口鼻窒息死亡尸体脑底血管
　　　　　怒张伴交通支开放

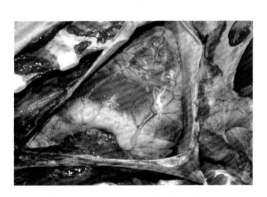

图 2 - 16　勒颈窒息死亡尸体心脏血管
　　　　　怒张伴交通支开放

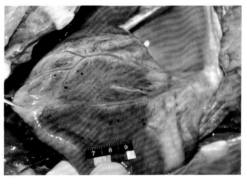

图 2 - 17　掐压口鼻窒息死亡尸体心脏底部
　　　　　血管怒张伴交通支开放

肝脏表面地图样改变，缺血区域呈粉红色，淤血区域呈暗红色。

图2-18　掐颈窒息死亡尸体肝脏表面地图样改变

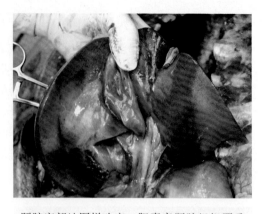

肝脏底部地图样改变，胆囊旁肝脏组织严重缺血，呈土黄色。

图2-19　掐颈窒息死亡尸体肝脏底部地图样改变

脾脏地图样改变，脾脏表面局部颜色变浅，呈粉红色。

图2-20　勒颈窒息死亡尸体脾脏地图样改变（一）

脾脏地图样改变，脾脏大面积颜色变浅，仅边缘淤血区域呈暗红色。

图2-21　勒颈窒息死亡尸体脾脏地图样改变（二）

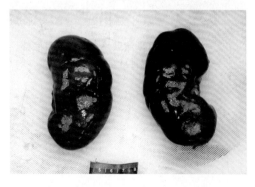

肾脏表面地图样改变，缺血区域呈土黄色。

图2-22　捂压口鼻窒息死亡尸体肾脏地图样改变（一）

肾脏地图样改变，切面皮质颜色稍浅，髓质淤血，皮髓质分界清晰。

图2-23　捂压口鼻窒息死亡尸体肾脏地图样改变（二）

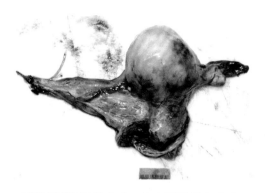

子宫表面地图样改变，缺血区域颜色苍白，以缺血区域为主。

图 2 - 24　掐颈窒息死亡尸体子宫地图样改变（一）

子宫表面地图样改变，以淤血区域为主。

图 2 - 25　掐颈窒息死亡尸体子宫地图样改变（二）

　　部分掐死尸体的食管及气管内伴有部分食物反流、吸入（图 2 - 26、图 2 - 27），与掐颈时喉头受刺激，引起反射性呕吐有关。

图 2 - 26　掐颈窒息尸体食管内少量食物反流

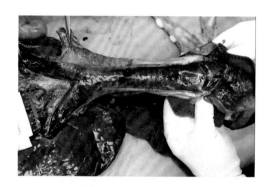

图 2 - 27　掐颈窒息尸体气管腔内少量食物吸入

第二节　各种窒息方式死亡的尸体征象差异

　　血液回流受阻型窒息死亡尸体征象于掐颈、扼颈、勒颈窒息死亡尸体中常见；呼吸受阻型、缺血缺氧代偿型窒息死亡尸体征象于各种窒息死亡尸体中均可出现。

一、捂压口鼻窒息

　　捂压口鼻窒息死亡尸体会出现颜面部淤紫、睑结膜毛细血管淤血，但一般不会有颜面部出血点、睑结膜针尖样出血点、头皮及颞肌斑块状出血、颅骨表面出血点、颅骨板障淤血等血液回流受阻型窒息死亡尸体征象。

二、缢死

缢死的尸体征象视体位而定。双足部分悬空、跪姿、坐姿缢死尸体存在颈动脉不完全压闭的可能，头面部可出现血液回流受阻型窒息死亡尸体征象（图 2 – 28、图 2 – 29）；双足完全悬空的缢死尸体头面部因颈部动静脉完全压闭，不会出现血液回流受阻型窒息死亡尸体征象（图 2 – 30）。双足悬空缢颈，颈部缢沟深，缢沟旁水疱多且明显（图 2 – 31）；非双足悬空缢颈，颈部的缢沟浅，缢沟旁水疱不明显（图 2 – 32）。

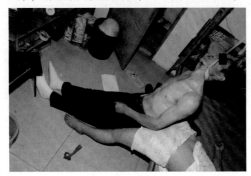

图 2 – 28　坐姿缢颈死亡尸体颜面较躯干颜色暗红

图 2 – 29　坐姿缢颈死亡尸体睑结膜充血伴针尖样出血点

图 2 – 30　悬空缢颈死亡尸体颜面与颈部颜色一致，无淤紫及出血点

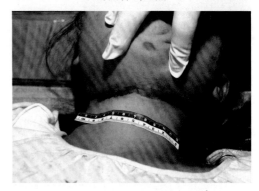

同样的绳索，缢沟较坐姿缢颈尸体的深，缢沟周围有水疱，部分水疱破裂。

图 2 – 31　悬空缢颈死亡尸体的缢沟

缢沟较浅，缢沟旁水疱不明显。

图 2 – 32　坐姿缢颈死亡尸体的缢沟

三、掐颈窒息死亡

在掐颈窒息死亡尸体中，约20%的尸体伴随食管内食物反流及喉头、气管内呕吐物吸入，为颈部受掐压时喉头受刺激引起的反射性呕吐所致，可以作为掐颈窒息的辅助判断依据。

缢死、勒死均可依据颈部缢沟、勒痕判断窒息方式；捂死、掐死案件中仅约45%的尸体口唇、颈部可以检见损伤，软物勒颈案例中颈部亦会出现无勒痕及皮下、肌肉出血的现象。因此，口唇、颈部无损伤的尸体窒息方式判断成为法医日常工作中的挑战。目前大多结合案犯供述进行判断，但根据案犯供述判定窒息方式不一定可靠，如案犯翻供、改口，故亟须甄别窒息方式的尸体征象。当口唇、颈部无损伤时，可参考图2-33进行窒息方式推断。

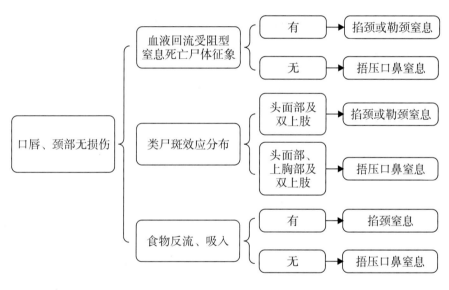

图2-33　窒息方式判断

第三节　溺死尸体征象

溺死亦为窒息死亡的一种类型，虽具备部分窒息死亡尸体征象，但形成机理却有所差异。

溺死尸体亦会有颜面部淤紫、睑结膜充血，但其形成机理并非头面部血液回流受阻所致。颜面部淤紫为溺水时剧烈呛咳使头面部充血所致，故溺死尸体颜面部淤紫不伴随出血点(图2-34)；睑结膜充血为溺液刺激所致(图2-35)。

溺死尸体肺部有肺水肿、肺气肿。肺气肿形成机理为溺液阻塞呼吸道；肺水肿形成除缺氧因素外，尚有溺液吸入参与。机械性窒息死亡尸体的肺(图2-36)及溺死尸体的肺(图 2-37)虽然都有肺淤血、肺水肿及肺表面均匀分布的肺气肿，但溺死者的肺因吸入大量的溺液，肺部血液被稀释，表面更加膨隆，整体颜色变浅，肺脏胸、背侧均呈现相近的颜色，笔者称其为溺液吸入型肺脏血液坠积效应消失（图 2-38），且溺液吸入越多，肺脏颜色越浅（图 2-37 与图 2-38 对比，后者肺脏颜色更浅，提示吸入溺液量更多）。该种类型肺脏血液坠积效应消失为溺死特有尸体征象，可作为溺死判断的特异性尸体征象。

图 2-34　溺死颜面淤紫，无出血点

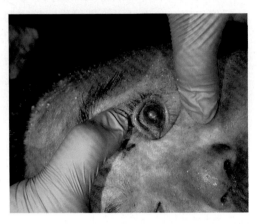

图 2-35　溺液刺激致球结膜充血

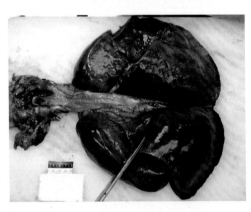

双肺背侧因血液坠积呈现暗红色，胸侧面颜色呈粉红色。

图 2-36　机械性窒息死亡尸体的肺脏血液
坠积效应

双肺膨隆，表面布满凸起于肺表面的肺气肿，溺液吸入致肺脏颜色变浅，血液坠积效应消失。

图 2-37　溺死尸体的肺血液坠积效应消失

大量溺液吸入致肺颜色变浅，血液坠积效应消失。

图2-38　溺液吸入型肺脏血液坠积效应消失

　　肺脏血液坠积效应（图3-39）消失在失血性休克、创伤性休克、烧死、颅脑损伤死亡尸体中也可出现，但其形成机理及表现特征与溺死肺的血液坠积效应消失不同。失血性休克、创伤性休克死亡尸体肺脏血液坠积效应消失为机体大量失血、失液所致，肺脏因缺血而整体萎缩且颜色苍白，笔者称之为缺血型肺脏血液坠积效应消失（图2-40）。烧死、颅脑损伤死亡尸体肺脏血液坠积效应消失为呼吸道热作用或中枢性呼吸衰竭所致，双肺高度淤血、水肿，肺脏因淤血而膨隆且颜色加深，笔者称之为淤血型肺脏血液坠积效应消失（图2-41）。

尸体于仰卧位，肺脏背侧见大量血液坠积，
与胸侧无血液坠积肺组织颜色差异明显。

图2-39　肺脏血液坠积效应

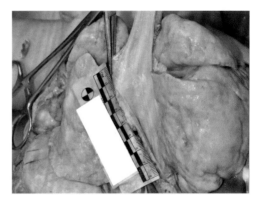

因失血致双肺苍白，无法形成血液坠积效应。

图2-40　缺血型肺脏血液坠积效应消失

颅内出血致中枢性肺水肿，全肺高度淤血，无法形成胸背侧有血液差异分布的坠积效应。

图 2 - 41　淤血型肺脏血液坠积效应消失

约 40% 的溺死尸体食管内有食物反流（图 2 - 42）、气管内有胃内容物吸入（图 2 - 43），为溺液刺激喉头引起反射性呕吐所致。当水中尸体出现食管内胃内容物反流及气管内呕吐物吸入时，提示其有生前入水的可能。

图 2 - 42　溺死尸体食管腔内少量胃内容物反流

图 2 - 43　溺死尸体气管腔内少量胃内容物吸入

约 80% 的溺死尸体会出现胃大弯血管豆芽状怒张（图 2 - 44），以往观点认为胃大弯血管豆芽状怒张是因为胃内有大量溺液，溺液向血管内渗透致血管怒张，但实际工作中发现溺死尸体胃大弯血管怒张与胃内溺液并非在所有情况下都同时存在。在有胃大弯血管怒张的溺死尸体中，仅有不足 10% 的尸体胃内有溺液吞入，在有食管食物反流及气管呕吐物吸入的溺死尸体中，胃内均无溺液吞入（图 2 - 45）。因此，胃大弯血管豆芽状怒张并非溺液吞入、渗透所致，应以溺水过程中胃的应激反应来解释更为合理。

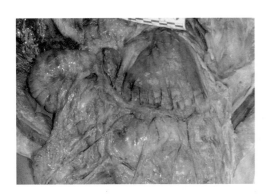

图 2-44 溺死尸体胃大弯血管豆芽状怒张

图 2-45 胃大弯血管怒张的溺死尸体胃内无
溺液

第三章 休 克

休克是机体遭受致病因素强烈侵袭后，有效循环血量锐减，导致机体失去代偿，组织缺血缺氧，神经－体液因子失调的一种临床综合征。其主要特点是：重要脏器组织中的微循环灌流不足，代谢紊乱和全身各系统的机能障碍。简言之，休克就是机体对有效循环血量减少的反应，是组织灌流不足引起的代谢和细胞受损的病理过程。有效循环血量是指单位时间内通过心血管系统进行循环的血量（不包括贮存于肝、脾的淋巴血窦中或停留于毛细血管中的血量）。

一、休克分期

根据微循环的改变可将休克分为 3 期：代偿期、失代偿期和微循环衰竭期。

（1）代偿期：由于有效循环血容量显著减少，因此循环容量降低、动脉血压下降。此时机体通过一系列代偿机制调节和矫正所发生的病理变化，引起心跳加快、心排出量增加以维持循环相对稳定，又通过选择性收缩外周和内脏的小血管使循环血量重新分布，保证心、脑等重要器官的有效灌注。此时微循环内动静脉间短路开放，前括约肌收缩，表现为"只出不进"，血量减少，组织仍处于低灌注、缺氧状态。

（2）失代偿期：当休克继续发展，动静脉短路和直捷通道大量开放，使原有的组织灌注不足加重。毛细血管中血流淤滞，部分血管失去代偿性紧张状态。此时微循环内"只进不出"。

（3）微循环衰竭期：当休克持续较长时间后，休克进入难治期或不可逆期，失代偿期出现的某些脏器的微循环淤滞更加严重，由于组织缺少血液灌注，细胞处于严重缺氧和缺乏能量的状况，引起细胞自溶并损害周围其他的细胞。最终引起大片组织、整个器官乃至多个器官受损。

二、休克的分类

目前，采用较多的分类法是将休克分为低血容量性休克、感染性休克、心源性休克、神经源性休克、过敏性休克和创伤性休克六类。

（1）低血容量性休克：由急性大量出血（如外伤性大出血、上消化道出血、胸腹腔脏器破裂、宫外孕等）引起，临床上称为失血性休克。

（2）感染性休克：又称中毒性休克，由严重的细菌感染（如败血症、阻塞性胆管炎及腹膜炎等)引起。

(3)心源性休克:由急性心肌梗死、严重心律失常、心包填塞、肺动脉栓塞等引起,使左心室收缩功能减退,或舒张期充盈不足,致心输出量锐减。

(4)神经源性休克:由剧烈的刺激(如疼痛、外伤等)引起强烈的神经反射性血管扩张,周围阻力锐减,有效循环量相对不足所致。

(5)过敏性休克:某些物质和药物、异体蛋白等可使人体发生过敏反应致全身血管骤然扩张,引起休克。

(6)创伤性休克:各种损伤(如四肢骨折)通过局部失血引起机体低血容量,由失血和疼痛同时引发的休克。

法医学实践中常见的休克多为低血容量性休克及创伤性休克。心源性休克、感染性休克、神经源性休克及过敏性休克较为少见。本章重点介绍外伤引起的失血性休克和各种损伤引起的创伤性休克死亡尸体征象。

第一节　失血性休克死亡尸体征象

由大血管破裂或腔器出血引起的休克称为失血性休克。休克发生时,各器官的组织灌流会重新分配,某些器官(如肝、脾、肾等腹腔脏器)被"牺牲",因为此时这些器官都不算最需要被保护的器官。而另一些部位受到保护的时间会长一些,如大脑和心脏,这些是人体的最重要的器官。

在休克代偿期,机体通过选择性收缩外周和内脏的小血管使循环血量重新分布,保证心、脑等重要器官的有效灌注。外周小血管收缩使外周组织呈现缺血状态,死后在尸体上呈现为皮肤黏膜苍白、甲床苍白、四肢肌肉色淡(图3-1),睑结膜苍白(图3-2);内脏小血管收缩使内脏血液灌注减少,死后在尸体上呈现为气管黏膜苍白(图3-3)、肺脏部分色淡(图3-4)、肺脏切面干燥(图3-5)、肝脏以缺血区域为主的地图样改变(图3-6)、脾脏以缺血区域为主的地图样改变(图3-7)、肠壁血管空虚(图3-8)、子宫地图样改变(图3-9)、肾脏以缺血区域为主的地图样改变(图3-10);心、脑有效灌注充足时,尸体上呈现为心、脑表面血管怒张,交通支开放(图3-11)。尸体出现上述征象时,提示机体死亡时已处于休克代偿期。

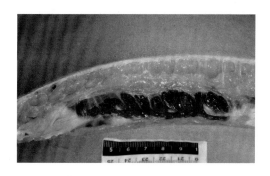

皮肤苍白,切面苍白,肌肉色淡。

图3-1　失血性休克死亡尸体皮肤黏膜苍白

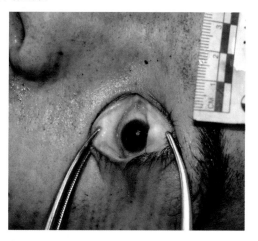

图3-2　失血性休克死亡尸体睑结膜苍白

图 3-3　失血性休克死亡尸体气管黏膜苍白

肺脏局部色淡，残留血液向背侧坠积。

图 3-4　失血性休克死亡尸体肺脏色淡

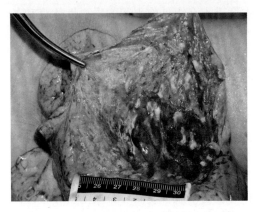

肺脏色淡，切面干燥，无血液及水肿液溢出。

图 3-5　失血性休克死亡尸体肺脏切面干燥

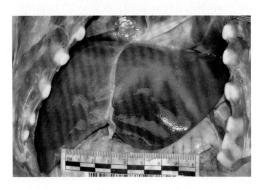

缺血严重区域呈现土黄色，缺血轻微区域呈现浅红色。

图 3-6　失血性休克死亡尸体肝脏地图样改变

缺血严重区域呈现粉红色，缺血轻微区域呈现暗红色。

图 3-7　失血性休克死亡尸体脾脏地图样改变

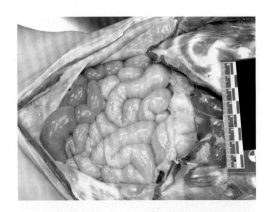

肠壁苍白，肠系膜及肠壁血管空虚。

图 3-8　失血性休克死亡尸体肠壁血管空虚

局部淤血区域呈暗红色，缺血区域颜色苍白，切面色淡，无血液溢出。

图3-9 失血性休克死亡尸体子宫地图样改变

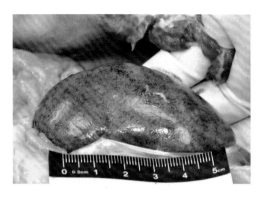

整体色淡，仅部分血管内残留血液。

图3-10 失血性休克死亡尸体肾脏地图样改变

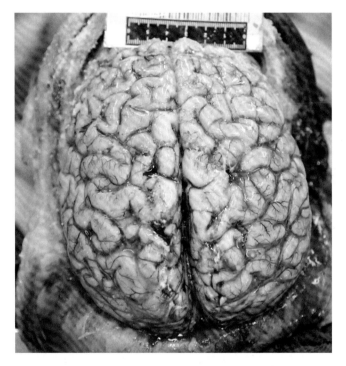

大脑表面血管怒张，毛细血管交通支开放。

图3-11 失血性休克死亡尸体脑表面血管怒张

随着休克继续发展，外周和内脏的小血管进一步收缩，动静脉短路和直捷通道大量开放，使原有的组织灌注不足更为加重，死后在尸体上呈现为双肺苍白（图3-12），腹腔脏器地图样改变消失——脾脏表面全部粉红色（图3-13）、肾脏呈均匀的土黄色（图3-14）、胰腺表面呈土黄色改变（图3-15）、子宫表面苍白（图3-16）、肝脏表面全部呈土黄色（图3-17）。尸体上出现内脏器官地图样改变消失征象时，提示机体已处于休克失代偿期。

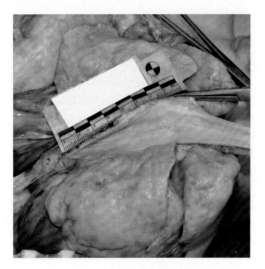

全肺苍白，血液坠积效应消失。

图 3 - 12　失血性休克死亡尸体双肺苍白

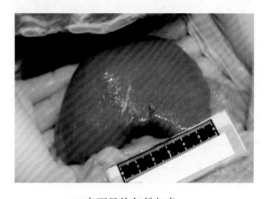

表面呈均匀粉红色。

图 3 - 13　失血性休克死亡尸体脾脏地图样
改变消失

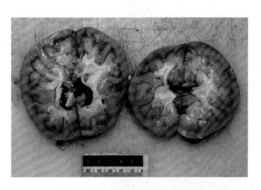

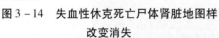

表面呈均匀土黄色，切面皮质、髓质均呈缺
血改变。

图 3 - 14　失血性休克死亡尸体肾脏地图样
改变消失

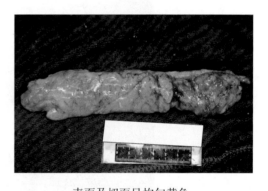

表面及切面呈均匀黄色。

图 3 - 15　失血性休克死亡尸体胰腺表面
地图样改变消失

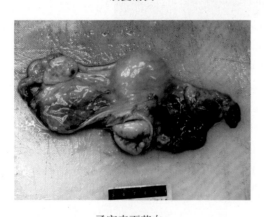

子宫表面苍白。

图 3 - 16　失血性休克死亡尸体子宫地图样
改变消失

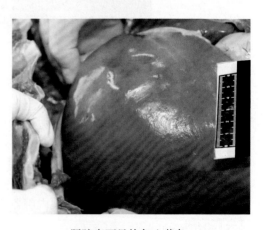

肝脏表面呈均匀土黄色。

图 3 - 17　失血性休克死亡尸体肝脏地图样
改变消失

当通过收缩外周和内脏的小血管使循环血量重新分布，无法保证心、脑等重要器官的有效灌注时，尸体上呈现为心、脑表面血管空虚(图3-18至图3-20)，硬脑膜血管空虚(图3-21)，颅骨板障部分缺血(图3-22)或空虚(图3-23)。当尸体上出现心、脑表面血管空虚征象时，提示机体死亡时已处于休克失代偿期。

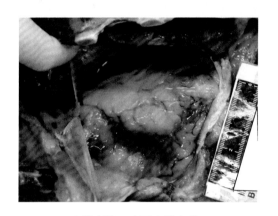

心脏挛缩，表面血管空虚。

图3-18 失血性休克死亡尸体心脏表面
血管空虚

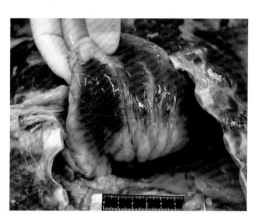

图3-19 失血性休克尸体心底血管空虚

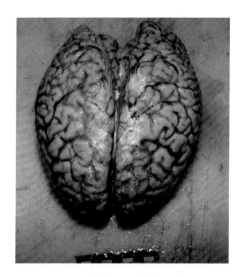

毛细血管及交通支内空虚。

图3-20 失血性休克尸体大脑表面血管空虚

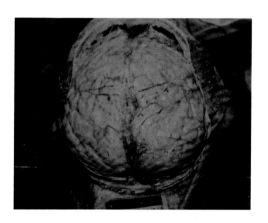

图3-21 失血性休克尸体硬脑膜表面血管
空虚

图 3 - 22　失血性休克死亡尸体颅骨板障
部分缺血

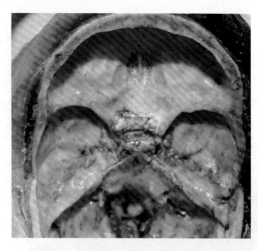

图 3 - 23　失血性休克死亡尸体颅骨板障空虚

第二节　创伤性休克死亡尸体征象

　　创伤性休克是指外力作用导致机体组织受损，从而造成有效循环血量不足、微循环障碍，同时伴有创伤等引起的综合征。创伤性休克包括血液丢失造成的失血性休克和精神刺激、疼痛等引起的神经源性休克。创伤性休克的病因、病理较失血性休克的更加复杂。创伤性休克常见于交通事故伤、坠落伤、殴打伤、大手术。

　　创伤性休克死亡尸体可以呈现与失血性休克死亡尸体相同的尸表及内脏器官尸体征象，但创伤性休克死亡尸体亦有一些特殊的尸体征象。有开放性创口的创伤性休克死亡尸体会发生大量向体外失血的过程，故尸斑与失血性休克死亡尸体的尸斑相同，均为颜色浅淡或缺失；无开放性创口的创伤性休克死亡尸体（图 3 - 24）因损伤集中于内脏器官，创伤后出血亦集中在体内，死亡尸体没有发生向外失血过程，故死后体内血液亦可向低下部位坠积形成片状暗红色尸斑，但非低下部位皮肤、黏膜及内脏器官亦呈现与失血性休克死亡尸体一致的尸体征象。

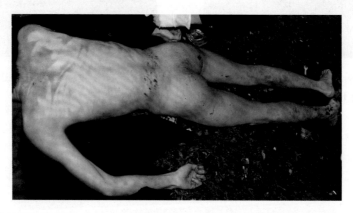

高坠致创伤性休克死亡，全身无开放性损伤，皮肤苍白，背部有成片暗红色尸斑。

图 3 - 24　无开放性创口的创伤性休克死亡尸体

创伤性休克死亡的尸体当近心部位损伤和远心部位损伤共存时，近心部位出血量较远心部位出血量大，且出血颜色深(图3－25)。当近心部位损伤造成骨折及内脏器官破裂出血时，近心脏部位的损伤伴有明显出血(图3－26至图3－28)，而远离心脏部位的损伤可能仅有少量出血(图3－29)，甚至无出血(图3－30至图3－32)。故当在高坠、交通事故死亡的尸体远离心脏部位(如四肢)检见无出血的创口或骨折时，不能直接判定其为死后伤，应注意检查尸体近心脏部位是否有损伤(如严重骨折、出血)。

会阴部撕裂创大量出血，但较头面部出血量少，颜色浅。

图3－25　高坠致创伤性休克死亡尸体近心部位及远心部位出血差异

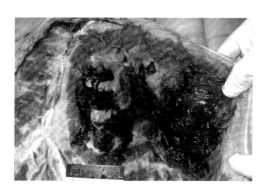

图3－26　高坠致创伤性休克死亡尸体左胸壁骨折伴大面积肌肉出血

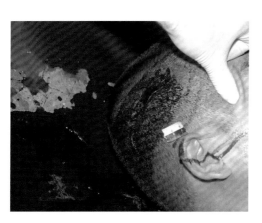

图3－27　高坠致创伤性休克死亡尸体头部挫裂创伴大量出血

图3－28　高坠致创伤性休克死亡尸体头部挫裂创对应部位头皮及肌肉出血

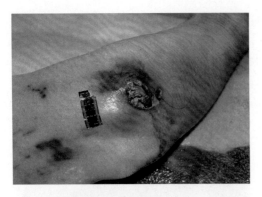

图 3 - 29　高坠致创伤性休克死亡尸体右肘部
　　　　　挫裂创，少量出血

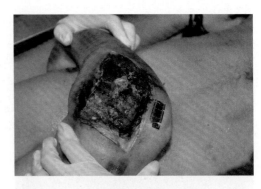

图 3 - 30　高坠致创伤性休克死亡尸体右肘部
　　　　　挫裂创内肌肉和骨折无出血

图 3 - 31　高坠致创伤性休克死亡尸体左足
　　　　　跟部撕裂创无出血

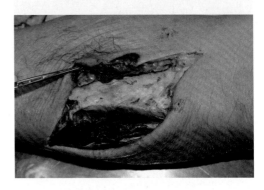

图 3 - 32　交通事故致创伤性休克死亡尸体
　　　　　左小腿挫裂创，创腔内出血不明显

第四章 烧死与死后焚尸

烧伤是法医学常见的损伤，广义的烧伤包括人体接触高温物体造成的损伤、化学物质作用于人体皮肤或黏膜产生高温引起的损伤、电火花引起的损伤，以及 X 射线、紫外线等引起的放射性烧伤等。狭义的烧伤是指人体接触高温物质引起的损伤，包括局部皮肤、结缔组织的损伤，以及由高温引起的全身性反应。一般将火焰所致损伤称为烧伤，由高温液体所致损伤称为烫伤，高温固体引起的损伤称为灼伤。烧死是指由烧伤引起的死亡，其死亡机理如下。

（1）休克。高温火焰或热气流作用于皮肤的感觉神经末梢，产生剧烈疼痛，并通过神经反射引起神经源性休克；烧伤后血管通透性增加，大量血浆液体自创面渗出，导致有效循环血量减少，出现低血容量性休克。

（2）窒息。高温火焰可导致气道烧伤，吸入热气流可导致急性喉头水肿堵塞呼吸道，从而引起窒息。

（3）中毒。不完全燃烧产生的一氧化碳被吸入后通过肺泡的气体交换吸收入血，并与血液中的红细胞内血红蛋白结合，引起一氧化碳中毒。

（4）心脏功能障碍。心脏病患者在高热作用下可诱发窦性心动过速、心律失常、心房颤动、冠状动脉栓塞、心肌梗死、心力衰竭等。

（5）脑功能障碍。高热作用于头部，导致脑水肿、颅内压增高，最终出现脑疝，压迫呼吸循环中枢，致使呼吸、循环功能衰竭。

（6）肾功能障碍。休克可致肾小球毛细血管循环功能障碍、肾小球滤过减低、氮质血症，最后导致急性肾功能衰竭。

第一节 烧死尸体常见的尸表征象

一、皮肤各种深度的烧伤改变（红斑、水疱、坏死、炭化）

典型的生前烧伤均可伴有明显的充血、水肿、炎症反应和坏死改变，生前烧伤和死后焚烧过程中，皮肤受热后均可形成水疱，生前烧伤皮肤受热后局部会有充血反应，故皮肤水疱内真皮层呈充血状态（图4-1），而死后焚烧的尸体水疱内真皮层无充血改变，呈苍白态（图4-2）。部分水疱随着皮肤继续受热而破裂、炭化，故炭化的皮肤表面残留的水疱（图4-3）不能作为烧死的依据。烧伤与非烧伤交界区域有充血带（图4-4）可作为烧死的依据，而死后焚尸的尸体在烧伤与非烧伤交界区则无充血带（图4-5）。

皮肤水疱内真皮层组织呈充血态。

图4-1　生前烧伤

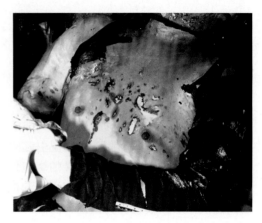

皮肤水疱内真皮层组织呈苍白态。

图4-2　死后焚烧尸体

水疱下真皮层组织呈充血态。

图4-3　烧伤皮肤水疱炭化

图4-4　烧死尸体烧伤与非烧伤交界区有充血带

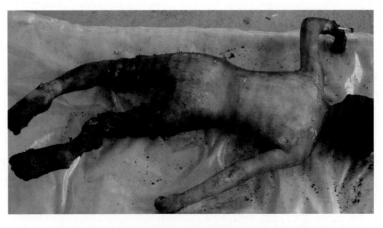

图4-5　死后焚烧尸体烧伤和非烧伤交界区无充血带

二、眼部征象

出于自我保护，受火场中的烟雾刺激时人会反射性紧闭双目，因而在烧死尸体眼周可形成未被烟雾熏黑的"鹅爪状"、椭圆形空白区改变，称为强闭眼征（图4-6）；而角膜和结膜囊内无烟灰和炭末沉着（图4-7）。同时，由于双目紧闭，睫毛仅尖端被烧焦，称为睫毛征候（图4-8）。

死者紧闭双目致眼周未被烟雾熏染而呈现强闭眼征。

图4-6 烧死尸体的强闭眼征

死者生前强闭眼，睑球结膜内无烟灰、炭末。

图4-7 烧死尸体角膜和结膜囊

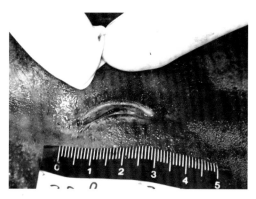

死者生前强闭眼遗留部分未过火睫毛，呈现睫毛征候。

图4-8 烧死尸体的睫毛征候

三、烧裂创

高温使皮肤组织水分蒸发，干燥变脆，皮肤凝固收缩发生顺皮纹的开裂，形成梭形创口，酷似切创。烧死及死后焚尸均可于尸体表面形成烧裂创，二者形成机理和形态一致，仅烧裂创下暴露的软组织颜色有所差别。烧死因全身大面积烧伤会引发机体神经源性休克和低血容量性休克，皮肤及皮下组织呈贫血或缺血状态，故烧裂创内软组织呈缺血态(图4-9)；而死后焚尸因生前机体无休克过程，皮肤及皮下组织含血量丰富，焚烧过程中形成的烧裂创内组织呈非缺血态(图4-10)。

背部皮肤烧裂创，创内皮下脂肪组织苍白。

图4-9　烧死尸体的烧裂创内软组织呈缺血态

体表皮肤烧裂创，创内脂肪组织呈非缺血态，含血量丰富。

图4-10　死后焚尸尸体的烧裂创内组织呈非缺血态

第二节　烧死尸体常见的内部征象

一、呼吸道征象

在火场高温环境中，灼热的空气、蒸汽、刺激性气体及大量的烟雾随呼吸进入呼吸道，引起呼吸道烧伤改变。例如，烟灰与炭末沉积于呼吸道黏膜表面，如口(图4-11)、鼻、咽喉、食管(图4-12)、气管(图4-13)、支气管，有时与黏液混合形成黑色线条状黏痰，量多时可充满整个呼吸道；喉头高度水肿(图4-14)，气管及支气管黏膜充血水肿、出血(图4-15)；有时可见食管黏膜受热作用后坏死，形成白喉样假膜(图4-16)，容易剥离。

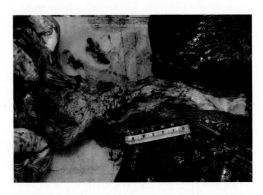

图4-11　烧死尸体口腔内吸入大量黑色炭末

图4-12　烧死尸体食管内吞入大量黑色炭末

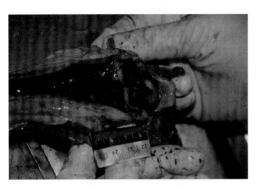

图4-13　烧死尸体气管腔内吸入大量
黑色炭末

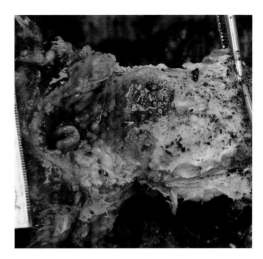

生前吸入高温气体致喉头高度水肿。
图4-14　烧死尸体喉头高度水肿

生前吸入高温气体致气管黏膜充血及出血，
吸入一氧化碳致气管黏膜呈樱红色改变。
图4-15　烧死尸体气管黏膜充血水肿
及出血

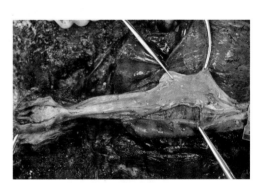

食管黏膜热灼伤，局部黏膜坏死脱落形成假膜。
图4-16　烧死尸体食管形成白喉样假膜

　　上述改变称为热作用呼吸道综合征，为烧死尸体所特有，死后焚尸的尸体则不会有上述尸体征象（图4-17至图4-19），热作用呼吸道综合征是区别烧死、死后焚尸的主要依据。

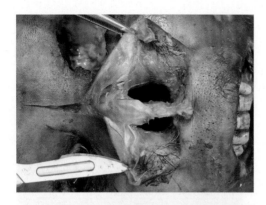

图4-17　死后焚烧的尸体鼻腔内无烟灰吸入

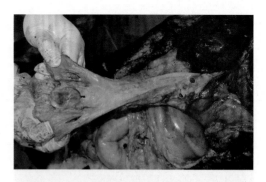

喉头及食管黏膜苍白，喉头及食管内无热作
用改变及炭末吸入。

图4-18　失血性休克死亡后焚烧的尸体
喉头及食管黏膜改变

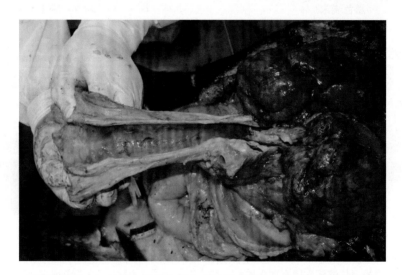

气管黏膜苍白，气管内无热作用改变及炭末吸入，亦无一氧化碳吸入
所致的气管黏膜樱红色改变。

图4-19　失血性休克死亡后焚烧的尸体气管黏膜改变

二、肺脏征象

高温条件下，肺损伤表现为肺广泛性充血、水肿、出血、气肿、膨隆，质实，呈暗
红色（图4-20），切面亦呈暗红色，伴血性液体溢出（图4-21），当伴随有大量一氧化
碳吸入时，则呈樱红色改变（图4-22），切面上有大量血性泡沫状液体溢出（图4-
23）。严重烧伤致死者胸壁炭化，肺组织发生凝固性坏死，肺脏保持膨隆状态，肺内血
液受热后凝固，切面呈均匀的砖红色海绵状改变（图4-24）；当尸体严重炭化时，肺脏
切面呈砖红色海绵状改变（图4-25、图4-26）可作为烧死的判断依据。

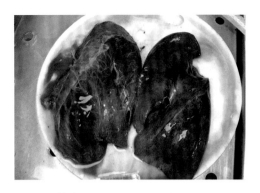

高温气体作用后双肺充血、淤血、出血后膨隆，呈暗红色，表面无气肿改变。

图 4 - 20 烧死尸体的肺脏膨隆

高温气体作用后双肺充血、淤血、出血后膨隆，切面呈暗红色，伴暗红色血性液体溢出。

图 4 - 21 烧死尸体的肺脏切面溢出血性液体

单纯一氧化碳吸入致双肺膨隆，呈樱红色。

图 4 - 22 烧死者吸入大量一氧化碳致肺呈樱红色改变

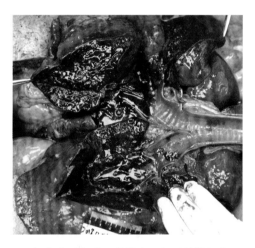

一氧化碳吸入致双肺膨隆，切面呈樱红色，伴血性泡沫状液体溢出。

图 4 - 23 烧死者伴一氧化碳吸入肺脏切面改变

高温气体吸入致双肺充血、淤血、出血，肺脏受热变性后切面呈砖红色海绵状改变。

图 4 - 24 生前严重烧伤致死者肺切面砖红色改变

图 4 - 25 全身炭化尸体

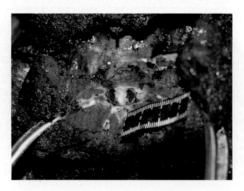

肺脏切面呈砖红色海绵状改变，说明死者系烧死。

图4-26　全身炭化尸体肺脏切面砖红色改变

三、心血管及血液征象

封闭式火灾现场因燃烧不完全产生的大量一氧化碳气体被人体吸入后与血液中的血红蛋白结合，形成鲜红色的碳氧血红蛋白，并随血液循环分布至体内各器官。因此，烧死者的肌肉（图4-27）、肺（图4-27）、肝（图4-28）、脾（图4-29）、肾（图4-30）等脏器多呈樱红色。

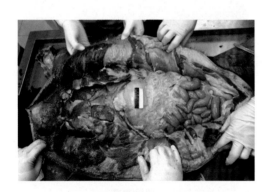

图4-27　烧死者肌肉和双肺呈樱红色

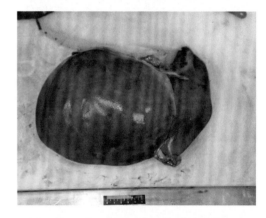

图4-28　烧死者吸入大量一氧化碳致肝脏
呈樱红色改变

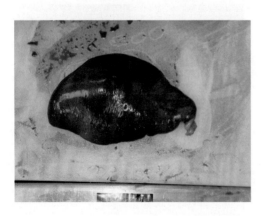

图4-29　烧死者吸入大量一氧化碳致脾脏
呈樱红色改变

图4-30　烧死者吸入大量一氧化碳致肾脏
呈樱红色改变

开放式火场(如野外、没有屋顶的室内火场)因空气流通、氧气供应充足、燃烧产生的一氧化碳易于扩散等原因,死者仅吸入少量一氧化碳,心血碳氧血红蛋白含量可在7%以下,此类烧死者尸体无一氧化碳吸入造成的脏器樱红色改变,而肌肉及内脏器官呈现休克改变,双肺高度淤血、水肿、膨隆,呈暗红色(图4-31)。

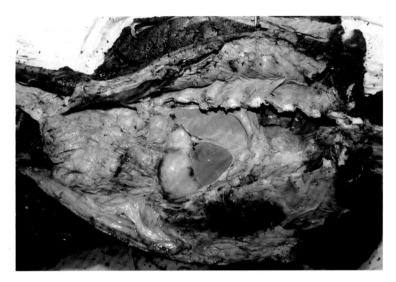

双肺膨隆,呈暗红色,胸壁肌肉、肝、肠管呈休克改变。

图4-31　烧死者无一氧化碳吸入

死后焚烧的尸体,虽然一氧化碳可从尸体表面侵入浅表的小血管,与血液中的血红蛋白结合成碳氧血红蛋白,形成较鲜红的尸斑,但其不能到达尸体深部,故内脏器官依旧呈现原有死因的颜色改变(图4-32、图4-33)。

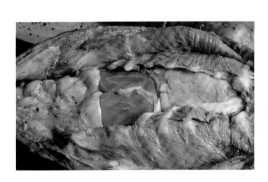

胸壁肌肉色淡,双肺苍白,肝、肠管呈休克样改变。

图4-32　失血性休克死亡后焚尸尸体(一)

双肺萎缩、塌陷,颜色苍白。

图4-33　失血性休克死亡后焚尸尸体(二)

失血性休克死后焚尸尸体与无一氧化碳吸入的烧死尸体肌肉、肝、脾、肾均呈现非樱红色、休克样改变，但两者的肺脏改变不同，前者的肺脏萎缩、塌陷，颜色苍白，而后者的肺因水肿、淤血、出血而高度膨隆，颜色呈暗红色。此外，烧死尸体伴随有胃肠应激反应——胃大弯、大网膜血管怒张（图4-31），而失血性休克死后焚尸尸体的胃肠因缺血而血管空虚，无相应血管怒张的应激改变（图4-32）。

四、消化道征象

上消化道的应激性黏膜病变是烧伤时常见的并发症，表现为胃黏膜皱缩（图4-34）、黏膜出血（图4-35）、黏膜脱落（图4-36）。应激性黏膜病变发生与烧伤面积有关，面积大者，黏膜病变发生率高。严重烧伤死亡迅速者，可不伴有消化道应激性黏膜病变。

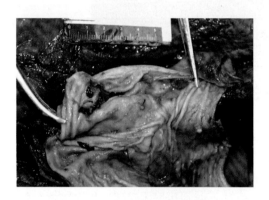

图4-34　烧死尸体胃黏膜皱缩

图4-35　烧死尸体胃黏膜出血

图4-36　烧死尸体胃黏膜脱落

五、腹腔脏器征象

因烧伤引起的疼痛性休克和低血容量性休克，会导致肝、脾、肾、肠管均呈缺血休克状态，肝脏呈现以土黄色为主的地图样改变（图4-37）；脾脏呈现以粉红色为主的地图样改变(图4－38);肾脏因缺血而颜色变浅(图4－39),皮质、髓质分界模糊(图4－39、图3－40);肠壁血管空虚,肠管苍白。

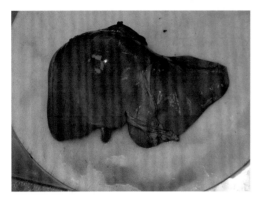

单纯体表大面积烧伤后肝脏休克征,大面积呈土黄色。

图4－37　烧死尸体肝脏地图样改变

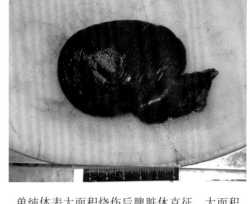

单纯体表大面积烧伤后脾脏休克征,大面积呈粉红色改变。

图4－38　烧死尸体脾脏地图样改变

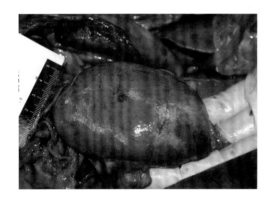

单纯体表大面积烧伤后肾脏休克征,肾脏呈粉红色。

图4－39　烧死尸体肾脏颜色变浅

图4－40　烧死尸体的肾脏切面皮髓质色淡、分界模糊

六、颅脑征象

烧死尸体常有脑水肿,肉眼观硬脑膜紧张,脑回增宽(图4－41),小脑扁桃体疝形成,头部烧伤越严重,脑水肿越明显,并以脑回显著增宽为表现(图4－42),蛛网膜血管壁血浆浸染致血管旁脑组织呈樱红色改变;无一氧化碳吸入的烧死尸体脑回增宽,血浆渗透致脑回呈均匀的粉红色,颜色较有一氧化碳吸入的烧死尸体脑组织颜色浅(图4－43)。而死后焚尸的脑组织则保持原有死因的脑部特征,如失血性休克死亡后焚尸的脑组织因大脑表面血管空虚,受热后无血浆渗透、浸染,故脑回颜色苍白(图4－44)。

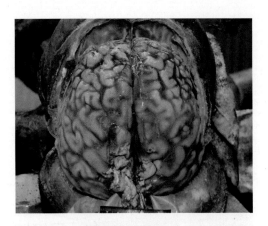

头部受热无硬脑膜外热血肿，脑组织受热作用后水肿，脑回增宽，血管旁脑组织因血液渗透呈樱红色。

图 4 - 41　烧死尸体脑回水肿

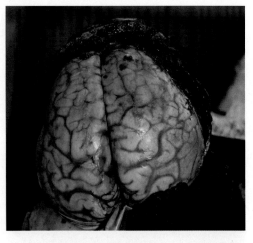

头部受热形成硬脑膜外热血肿，脑组织受热作用后水肿，脑回显著增宽，脑沟消失，血管旁脑组织因血液渗透呈樱红色。

图 4 - 42　烧死尸体硬脑膜外热血肿

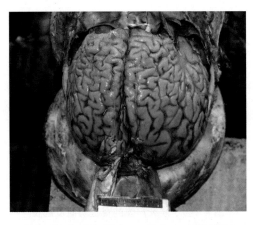

心血一氧化碳含量为 0，脑组织受热凝固，血浆渗透致脑回呈现均匀的粉红色，较有一氧化碳吸入的烧死者脑组织色浅。

图 4 - 43　无一氧化碳吸入的烧死尸体脑组织

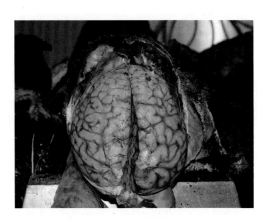

大脑表面血管空虚，无血浆渗透、浸染，脑回颜色苍白。

图 4 - 44　失血性休克死亡后焚尸脑组织

　　头部遇热，可发生硬脑膜外热血肿，烧死及死后焚尸均可形成硬脑膜外热血肿。烧死和死后焚尸所致的硬膜外出血受热变性凝固后颜色相近，均呈砖红色，但尚未变性凝固的流动血液颜色有差别，烧死尸体硬脑膜外热血肿内流动血液呈樱红色（图 4 - 45），而死后焚尸的尸体硬脑膜外热血肿内流动血液呈暗红色（图 4 - 46）。因此，可依据硬脑膜外热血肿内尚未变性凝固的血液颜色判断烧死与死后焚尸。

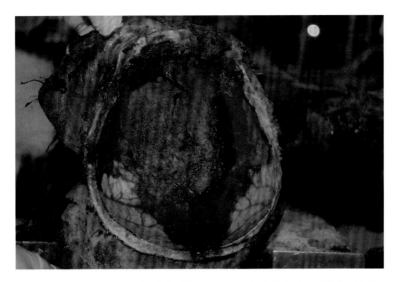

硬脑膜外热血肿，因头部受热时间短，出血尚未完全变性凝固，部分呈樱红色流动状。

图 4 - 45　烧死尸体硬脑膜外热血肿

硬脑膜外热血肿，因头部受热时间长，出血变性、凝固，呈砖红色，未凝固的血液呈暗红色。

图 4 - 46　失血性休克死亡后焚尸尸体硬脑膜外热血肿

第五章 电 击

电击死是指电流通过人体引起的死亡。触电通常在下列 2 种情况下发生：①机体直接与电源接触；②机体处于高压或超高压电场中，虽未直接接触电源，但电流可先击穿空气或其他介质，再进入机体，产生触电现象。本章着重讨论直接接触电源触电死亡。

电击死亡的机制有：①电流作用于心脏后引起心室纤维性颤动；②电流作用于延脑或呼吸肌引起呼吸中枢麻痹或呼吸功能障碍；③电击伤引发继发性休克、感染、出血及肾功能衰竭。前两者多见于电击当时死亡者，第三者多见于电击当时未死亡者。

第一节 电 流 斑

电击死亡尸体于手、足、肩等部位皮肤可以发现电流斑，典型电流斑为直径 6～8 mm 的圆形或椭圆形的白色、灰白色斑块，状似火山口，边缘隆凸，中央凹陷，斑痕质硬而干燥。光镜下典型电流斑病灶中心表皮细胞融合变薄、致密，细胞间界限不清，损伤中心基底层细胞及细胞核染色较深，纵向伸长或扭曲变形，排列紧密呈栅栏状、漩涡状、螺旋状或圆圈状的核流。电流斑是电击死的特异性尸体征象，但生前、死后电击均可使皮肤形成电流斑，生前、死后电击者的电流斑于镜下并无差别。另外，电流斑样皮肤改变并非电击特有，皮肤烧伤边缘部、皮肤干燥处及由巴比妥类中毒或冻伤引起的水疱亦可呈现细胞核伸长的现象。故单凭皮肤电流斑判定电击死亡有一定的风险。

电流长时间作用于皮肤，会在电流斑周围形成电烧伤，致使电流斑周围皮肤形成水肿、水疱。生前电击形成的电烧伤(图 5-1)伴有皮肤充血改变，水疱底部的真皮层呈充血态；而死后电击形成的电烧伤(图 5-2)局部皮肤也会有水疱形成，但无皮肤充血改变。因此，可以根据电流斑周围皮肤有无充血反应及水疱内真皮层是否有充血态来辅助判断生前、死后电击。

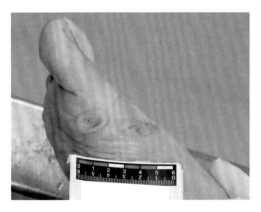

电流斑周边皮肤有水疱形成，水疱与正常皮肤交界区有充血带。

图5-1　生前电击电流斑

电流斑周边皮肤受热形成水疱、炭化等电烧伤，电烧伤与正常皮肤间无充血带。

图5-2　死后电击电流斑

死后短时间内若有电流长时间作用于局部皮肤导致皮肤有炭化等严重电烧伤时，电烧伤皮肤和正常皮肤间亦会有充血反应（图5-3），但充血反应较皮肤烧伤程度轻。

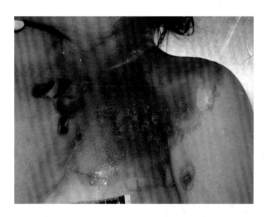

电流斑内皮肤受热形成水疱、炭化等电烧伤，水疱内真皮层及烧伤周围皮肤有微弱的充血反应。

图5-3　死后短时间内有电流长时间作用于皮肤而形成的电流斑

电流斑形态多样，常能反映导体与人体接触部分的形状（图5-1）。若接触电压低、环境潮湿、高温出汗，或赤足、赤膊接触地面或带电物体，或浸泡在带电的水中，导致皮肤电阻减小，加上导体接触面大、接触时间短等因素，则不易形成典型的电流斑或无电流斑形成。

电击死亡尸体内脏器官呈现一般窒息死亡尸体征象，如尸斑呈暗紫红色、心肺表面出血点、肺水肿等，这些均为非特异性尸体征象，故无电流斑形成的电击死亡成为法医学鉴定的难题。

第二节　电击死亡尸体征象

电击死亦有其特征性的尸体征象，可分为电流局部作用尸体征象、电流全身作用尸体征象、电流刺激产生的应激征象及电击死亡尸体脏器官改变。

一、电流局部作用尸体征象

电流局部作用尸体征象即为皮肤电流斑、电烧伤。

二、电流全身作用尸体征象

电流全身作用尸体征象是指电流经过人体，会引起电流传导通路上的骨骼肌、平滑肌、血管收缩和痉挛，以及腺体分泌亢进，死后在足趾、腓肠肌、气管、大网膜、肠管等部位留存，表现为足趾痉挛（图5-4）、腓肠肌痉挛（图5-5）、大网膜血管挛缩（图5-6）、肠管节段性挛缩（图5-7），以及气管黏膜分泌亢进——气管腔内密集分布的非肺水肿引发的、大小均匀的白色泡沫（图5-8、图5-9）。电击死亡尸体颜面、颈部及上胸部出现的棉絮状类尸斑效应（图5-10）为电流作用致体表毛细血管挛缩所致。

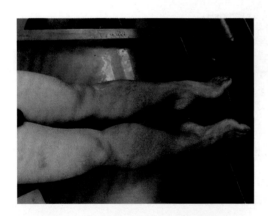

图5-4　生前电击致双足足趾痉挛

图5-5　生前电击致小腿腓肠肌痉挛

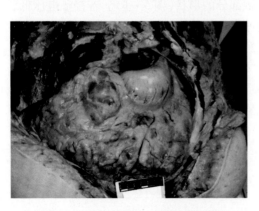

图5-6　生前电击致大网膜血管挛缩

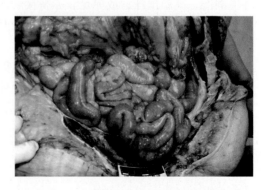

图5-7　生前电击致小肠节段性挛缩

图 5 - 8　生前电击致气管腔内形成密集分布的白色泡沫

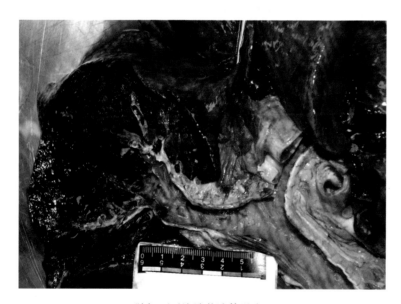

肺切面无泡沫状液体溢出。

图 5 - 9　生前电击致气管腔内密集分布的非肺水肿性白色泡沫

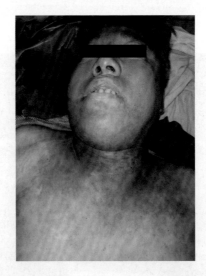

图 5-10 生前电击致颜面、颈部及上胸部出现棉絮状类尸斑效应

三、电流刺激产生的应激征象

电流刺激产生的应激改变主要表现为胃大弯的血管怒张（图 5-11）及胃黏膜皱缩（图 5-12）、出血（图 5-13）。

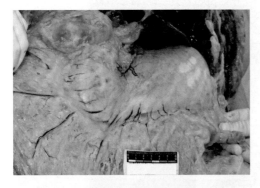

图 5-11 生前电击致胃大弯血管怒张

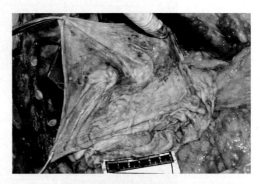

图 5-12 生前电击致胃黏膜皱缩伴局部黏膜出血

图 5-13 生前电击致胃黏膜大面积出血

四、电击死亡尸体内脏器官改变

电击死亡尸体的内脏器官改变与其他死因亦有所区别，肺脏表现为淤血和气肿（图5-14），切面仅有血管内血液外溢，无水肿液（图5-15）；肝、脾地图样改变以淤血区域为主（图5-16、图5-17）；双肾无地图样改变（图5-18）；皮髓质淤血，皮髓质分界不清（图5-19）。

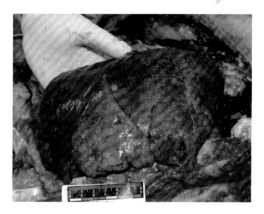

肺脏膨隆，表面有大面积气肿。

图5-14　电击死亡尸体肺

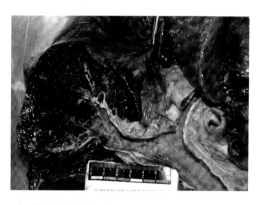

气管腔内密集分布的白色泡沫，肺切面无泡沫状水肿液。

图5-15　电击死亡尸体肺切面

以暗红色的淤血区域为主。

图5-16　电击死亡尸体肝脏地图样改变

以暗红色的淤血区域为主。

图5-17　电击死亡尸体脾脏地图样改变

图 5-18 电击死亡尸体肾脏淤血且
无地图样改变

图 5-19 电击死亡尸体肾脏皮髓质淤血
伴皮髓质分界不清

第六章 颅脑损伤

颅脑损伤是一种常见外伤，可单独存在，也可与其他损伤复合存在。根据颅脑解剖部位的不同，颅脑损伤可分为头皮损伤、颅骨损伤与脑损伤，三者可合并存在；根据颅腔内容物是否与外界交通，可分为闭合性颅脑损伤和开放性颅脑损伤；根据伤情程度，又可分为轻、中、重、特重四型。本章主要讨论有颅内出血的重型颅脑损伤死亡尸体征象。

颅脑损伤死亡的新鲜尸体，常规大体解剖即可诊断颅脑损伤死亡，判断颅脑损伤成因。以往诊断颅脑损伤死亡主要依据头皮、颅骨及颅内损伤，忽视了重型颅脑损伤尸体胸腹腔脏器的改变。当尸体被碎尸腐败，脑组织液化乃至流失，仅留存头面部残留头皮、颅骨损伤时，常因缺乏脑组织损伤的依据，亦无颅脑损伤后其他脏器的改变作为支撑，使得脑组织液化后的腐败尸体死因诊断成为难题。

第一节　颅脑损伤死亡新鲜尸体征象

颅脑损伤死亡新鲜尸体因头皮创口、头皮下出血、颅骨骨折出血、颅内出血可导致机体有效循环血量减少，引起低血容量性休克和疼痛刺激引起神经源性休克，表现为头皮色淡（图 6-1）、颅骨板障缺血（图 6-2）、睑结膜苍白（图 6-3）、胸壁肌肉色浅（图 6-4）、肝脏地图样改变（图 6-5）、脾脏地图样改变（图 6-6），而肾脏呈淤血改变，皮髓质分界不清（图 6-7）。颅脑损伤导致脑水肿、脑疝，压迫延髓呼吸中枢引起中枢性肺水肿，表现为肺高度淤血、水肿，表面膨隆、光滑，质实，切面大量淤血溢出（图 6-8）；气管腔内产生大量黏性水肿液（图 6-9）。硬脑膜下、蛛网膜下腔或脑实质内出血可致短时间内颅内容物增加，硬脑膜呈现气球过度充气样紧绷（图 6-10），张力增加。重型颅脑损伤尚可引起胃肠道的应激反应，表现为胃黏膜皱缩（图 6-11）、黏膜出血（图 6-12）。

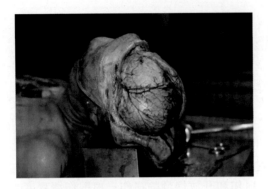

脑实质内出血致头皮和颞肌色淡，硬脑膜呈现气球过度充气样改变。

图6-1 颅脑损伤死亡尸体头皮色淡

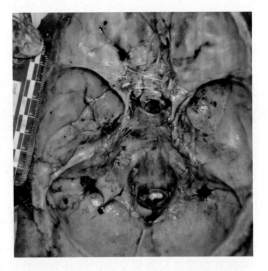

颅底骨折旁颅骨板障缺血，非骨折部位板障内淤血。

图6-2 颅脑损伤死亡尸体颅骨板障缺血

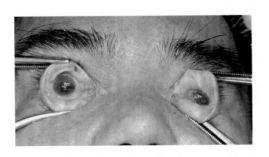

图6-3 病理性脑实质内出血致睑结膜苍白

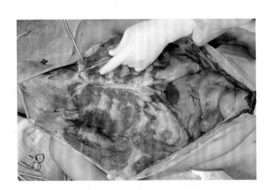

图6-4 病理性脑实质内出血致胸壁肌肉色淡

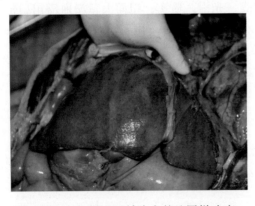

肝脏表面呈以淤血区域为主的地图样改变，部分区域呈土黄色。

图6-5 病理性脑实质内出血致肝脏地图样改变

以淤血区域为主的地图样改变，脾脏表面小面积呈粉红色改变。

图6-6 病理性脑实质内出血致脾脏地图样改变

病理性脑实质内出血致肾脏淤血，皮髓质分界不清。

图 6-7 颅脑损伤死亡尸体肾脏淤血

双肺高度淤血、水肿，全肺膨隆，表面光滑，呈均匀一致的暗紫色改变，切面大量血液溢出。

图 6-8 病理性蛛网膜下腔出血死亡尸体中枢性肺水肿

气管腔内有大量淡黄色黏性水肿液。

图 6-9 病理性脑内出血致中枢性肺水肿

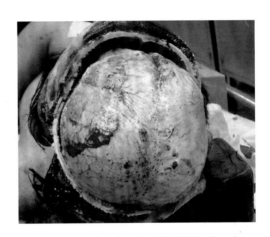

图 6-10 脑内出血致硬脑膜呈气球过度充气样紧绷

图 6-11 颅脑损伤死亡尸体胃黏膜皱缩伴大面积出血

图 6-12 病理性脑内出血尸体胃黏膜应激性斑块状出血

第二节　颅脑损伤死亡腐败尸体征象

尸体腐败后，头面部原有损伤受腐败影响而发生改变，头皮创口因腐败而扩大、变形，有颅骨骨折者因局部组织腐败导致无类似新鲜组织出血征象来辅助判断骨折是生前还是死后形成，受脑组织液化、流失因素影响无法判断颅内有无出血、出血部位及出血量，因此，腐败尸体的颅脑损伤死亡鉴定成为难题。

颅脑损伤死亡腐败尸体征象分为两大类：颅内出血腐败液化尸体征象和颅脑损伤引发的全身脏器休克腐败尸体征象。

一、颅内出血腐败液化尸体征象

颅内出血可致短时间内颅内容物增加，硬脑膜呈现气球过度充气样紧绷（图 6 - 10），张力增加；在脑组织腐败液化过程中，硬脑膜依旧可以保持气球过度充气样紧绷（图 6 - 13）。而其他死因的尸体脑组织腐败液化后受重力作用向枕部坠积，额顶部空虚，局部硬脑膜塌陷（图 6 - 14）。

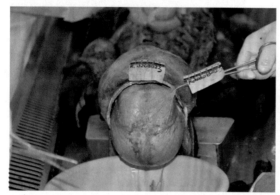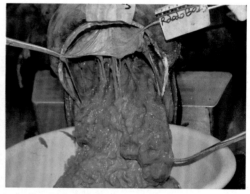

脑组织腐败液化，硬脑膜保持气球过度充气样紧绷。

图 6 - 13　摔跌致颅内出血

脑组织腐败液化，额顶部硬脑膜塌陷。

图 6 - 14　溺死尸体局部硬脑膜塌陷

　　颅内出血腐败液化尸体征象按颅内出血部位分为脑底、脑顶、脑实质内出血后腐败液化尸体征象。常见的脑底出血为病理性的广泛性脑底蛛网膜下腔出血（图6-15），脑组织腐败液化初期，脑底出血尚可与液化脑组织有一定程度的分界（图6-16）；腐败液化后期，脑底出血与液化脑组织融合，将脑组织染为均匀一致的深红色（图6-17），而脑顶部液化脑组织呈粉红色，脑实质内液化组织呈石灰色改变。常见脑顶出血为单侧硬膜下血肿或脑顶部局部脑挫伤伴蛛网膜下腔出血（图6-18），脑组织腐败液化后局部出血与脑组织融合呈暗灰色改变，而无出血部位脑组织液化后呈石灰样改变，伴有脑内脂肪组织析出（图6-19）。常见的脑实质内出血多为病理性脑内出血，出血局限在脑实质内，多凝结成块（图6-20），脑组织腐败液化后表现为液化脑组织包裹凝血块（图6-21）。颅内出血腐败后颜色改变呈现一定规律，腐败初期保持源血颜色；腐败中期与液化脑组织融合呈暗红色；腐败后期因硬脑膜完整性被破坏，与外界相通，呈暗灰色（图6-19），甚至暗黑色（图6-22）。

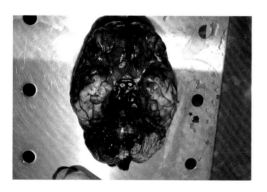

图6-15　病理性广泛性脑底蛛网膜下腔出血

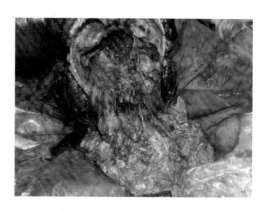

脑组织腐败液化，脑底出血与局部脑组织分界尚可。

图6-16　广泛性脑底蛛网膜下腔出血死亡后2天

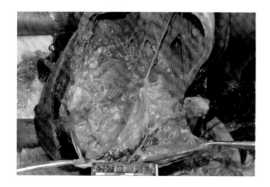

脑组织腐败液化，脑底出血与局部脑组织融合呈均匀一致深红色。

图6-17　广泛性脑底蛛网膜下腔出血死亡后4天

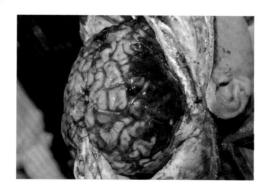

图6-18　右颞顶叶大面积蛛网膜下腔出血

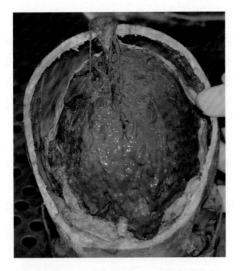

脑组织腐败，部分液化，出血侧脑组织液
化呈暗灰色，对侧脑组织呈石灰样改变，
伴脂肪析出。

图6-19　左颞顶叶大面积蛛网膜下腔出血

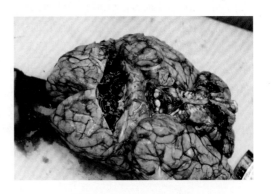

脑实质内出血凝结成块。

图6-20　病理性脑内出血

图6-21　病理性脑内出血尸体液化脑组
织包裹凝血块

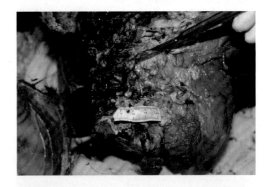

脑组织液化，左颞顶部出血腐败后呈暗黑
色，对侧脑组织呈石灰样改变。

图6-22　颅脑损伤死亡后8天(春季)

二、颅脑损伤引发的全身脏器休克腐败尸体征象

颅脑损伤引发的全身脏器休克腐败尸体征象表现为四肢或胸腹部皮肤脂肪样皮革样
化改变(图6-23)、颅骨板障缺血(图6-24)、肝脏以淤血区域为主的地图样改变(图

6－25)、脾脏以淤血区域为主的地图样改变(图6－26)，而肺脏因中枢性肺水肿高度淤血、水肿，腐败初期可以保持表面膨隆、光滑，无气肿突出于肺表面(图6－27)，腐败后期，肺内水肿液向胸腔渗透，形成源血性胸腔积液，而肺脏体积缩小(图6－28)。胸腔积液外渗后则遗留胸壁血性液体浸染痕。

图6－23　摔跌致颅内出血死亡尸体双上肢及胸腹部皮肤脂肪样皮革样化

图6－24　广泛性脑底出血致颅底板障缺血改变

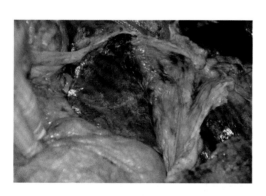

肝脏腐败后表面地图样改变，淤血区域呈黑灰色，缺血区域呈土黄色。

图6－25　颅脑损伤死亡尸体肝脏地图样改变

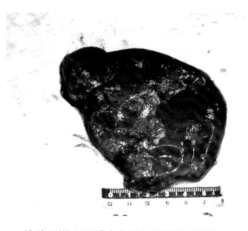

脾脏以淤血区域为主的地图样改变留存。

图6－26　颅脑损伤死亡尸体脾脏地图样改变

肺脏淤血改变保留，肺表面除局部腐败气泡外无气肿突出于肺表面。

图 6 – 27　颅脑损伤死亡尸体肺脏腐败后改变

肺脏体积缩小，无气肿突出于肺表面。

图 6 – 28　颅脑损伤死亡尸体肺脏淤血向胸腔渗透

尸体腐败后，头皮创口随腐败而扩大、变形，有颅骨骨折者因局部组织腐败，无新鲜出血征象来辅助判断损伤是生前还是死后形成，此时可结合尸体是否有脂肪样皮革样化、肝脾地图样改变等休克腐败尸体征象及蛆虫差异性分布来进行综合分析判断。例如，图 6 – 29 中死者俯卧于地面，头皮有多处创口，蛆虫集中分布于头部周围地面，说明头部周围地面存在利于蛆虫生长的物质——血液，即死者俯卧于地面时头部曾大量出血，进而说明头皮多处创口为生前损伤；其四肢及腰背部大面积脂肪样皮革样化，说明其死亡过程有休克因素参与。综合上述分析得出，死者头部多处创口为生前损伤，因此蛆虫差异性分布可用以辅助判断头面部损伤为生前伤还是死后伤。

头皮有多处创口，蛆虫集中分布于头部。

图 6 – 29　砖头多次打击头部致颅脑损伤死亡尸体

第 ⑦ 章 　中　　毒

生物体由于毒物作用，器官组织功能和形态结构发生改变而出现的疾病状态称为中毒，因此而发生的死亡称为中毒死。中毒和中毒死一定要是毒物对机体损害作用的直接后果，从体内检出的毒物量须达到中毒或致死水平，而且中毒症状和中毒病理变化要与检出的毒物的毒理作用一致。在法医学实践中，有时会遇到体内检出毒物、但毒物量未达致死量的情况，此时能否认定中毒死亡成为难题。不可否认，中毒量、致死量和致死血浓度等毒物定量分析结果对判断是否为某种毒物中毒和中毒死亡具有重要作用，但不能将其作为判断是否中毒和中毒死亡的唯一依据。

第一节　中毒量和致死量

能使机体发生中毒症状的毒物的最小剂量为该毒物的中毒量(toxic dose)。能引起机体中毒死亡的毒物的最小剂量称为该毒物的致死量(lethal dose)。文献中所载某毒物的中毒量和致死量都是根据中毒和中毒死亡的实际案例总结和推算出来的。不同文献作者收集的资料不同(如案例数不一、检测方法和精度存在差异、检材提取部位不同等)，其对同一毒物的中毒量和致死量的推算结果亦会有不同。影响毒物毒理作用的因素很多，有些人可在一般中毒量或致死量以下发生中毒死亡，所以中毒量和致死量不是一个绝对的数值，而是在一定范围内变动的。此外，有些罕见毒物或新出现的毒物缺乏中毒量和致死量的相关数据。有些毒物的中毒量和致死量仅有动物实验资料，如常见的半数致死量(LD_{50})、绝对致死量(LD_{100})，并且不同实验人员、不同实验动物种属、不同给药途径和方法，同一毒物的上述致死量也各不相同；另外，人与动物由于存在种属上的差异，对毒物的反应也会不同。因此，不能完全套用这些资料来解释中毒案例的毒物分析结果。

毒物的中毒量和致死量在判断是否中毒或中毒死亡时具有一定的参考价值，但在依据它们评价中毒或中毒死亡时，必须考虑其影响因素及自身局限性。

第二节　中毒血浓度和致死血浓度

能引起中毒反应的毒物在血液中的最低浓度称为该毒物的中毒血浓度，引起中毒死亡时毒物在血液中的最低浓度称为该毒物的致死血浓度。文献所载中毒或致死血浓度也是实际案例血液毒物定量分析资料的总结，不同作者的报告不尽相同，并且通常在一个范围内变动。取血进行毒物浓度检测的时间，即毒物在进入血液多长时间后被取材做定量分析会直接影响毒物血浓度。任何毒物进入血液后都要经过生物转化、转运、排泄过程，而血液中的毒物浓度也会随着时间变化而变化，通常毒物在血液中的时间越长浓度越低。不同毒物的半衰期不同，其在血液中代谢的速度有快有慢，有的毒物入血后立即被代谢分解，有的代谢则相当缓慢。因此，在中毒后不同时间取血进行定量分析，其结果也不相同，这就影响了毒物中毒血浓度和致死血浓度的准确性。故评价体内毒物血浓度是否达到中毒或致死血浓度时，应结合毒物的半衰期进行综合分析、评价。

第三节　有机磷农药中毒

有机磷农药多为油性液体，难溶于水，属酶系毒，被吸收后主要抑制机体内胆碱酯酶。有机磷农药中毒症状大多与胆碱酯酶活性被抑制有关，分为毒蕈样症状、烟碱样症状和中枢神经系统症状。

一、毒蕈样症状

毒蕈样症状为乙酰胆碱蓄积使副交感神经和交感神经节后纤维兴奋所引起的中毒反应，具体表现为恶心、呕吐、腹痛、腹泻、流涎、流泪、出汗、呼吸困难、发绀、瞳孔缩小、视物模糊。有机磷农药中毒死亡尸体的毒蕈样症状则表现为呕吐、流涎、发绀、瞳孔缩小（图 7 - 1、图 7 - 2）。

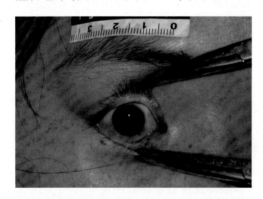 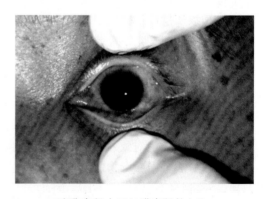

瞳孔直径小于虹膜直径的1/2。　　　　　　　瞳孔直径小于虹膜直径的1/2。
图 7 - 1　草铵膦中毒死亡尸体瞳孔缩小　　　**图 7 - 2　乐果中毒死亡尸体瞳孔缩小**

二、烟碱样症状

烟碱样症状为乙酰胆碱蓄积使横纹肌兴奋所引起的中毒反应，表现为肌肉的纤维性颤动，从眼睑、舌肌开始，逐渐发展至全身痉挛，最后转为肌无力、肌麻痹。有机磷农药中毒死亡尸体的烟碱样症状则表现为四肢抽搐、痉挛（图 7 - 3）。

图 7-3　草甘膦中毒死亡尸体双手痉挛

三、中枢神经系统症状

中枢神经系统症状为脑内乙酰胆碱蓄积使中枢神经系统由过度兴奋转为抑制所致，患者先出现头痛、眩晕、躁动、共济失调、呼吸加快、血压升高、体温升高，进一步发展为昏迷、惊厥、血压下降、大小便失禁，最后因呼吸中枢麻痹而死亡。有机磷农药中毒死亡尸体的中枢神经系统症状则表现为大小便失禁、肺淤血和水肿（图 7-4）、气管腔内密集分布的白色或淡黄色泡沫（图 7-5）。

肺部切面溢出大量均一白色泡沫。

图 7-4　草铵膦中毒致肺淤血和水肿

图 7-5　乐果中毒形成的气管内水肿液及白色泡沫

四、有机磷农药中毒消化道症状

有机磷农药中毒多为口服中毒，消化系统会出现有机磷农药腐蚀性损害，表现为口唇(图7-6)、食管(图7-7)黏膜腐蚀变性、脱落；胃大弯血管怒张(图7-8)，胃黏膜被农药浸染变色(图7-9)，胃黏膜皱缩，局部黏膜充血伴点片状出血(图7-10)。

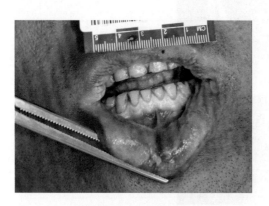

图7-6　敌敌畏中毒者口唇黏膜腐蚀痕(白色坏死、脱落)

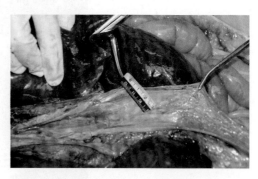

图7-7　草铵膦中毒者食管黏膜腐蚀痕(白色坏死、脱落)

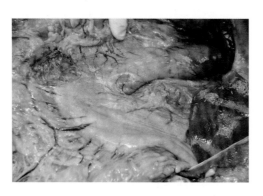

图7-8　乐果中毒致胃痉挛收缩(胃大、小弯血管怒张)

胃内残留乳糜状农药，胃黏膜被染色，呈黄绿色。
图7-9　草铵膦中毒尸体胃壁改变

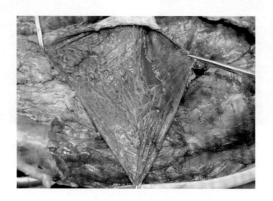

图7-10　乐果中毒致胃黏膜皱缩伴黏膜出血

五、有机磷农药中毒休克征象

有机磷农药中毒尸体会出现不同程度的休克征象，表现为颜面蜡黄（图7–11）、肝脏地图样改变（图7–12）、脾脏地图样改变（图7–13）、肾脏皮质色淡（图7–14）。

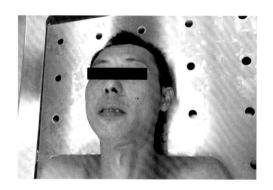

图7–11 乐果中毒尸体颜面蜡黄

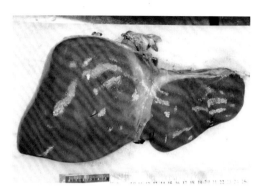

图7–12 乐果中毒尸体肝脏地图样改变（局部呈土黄色）

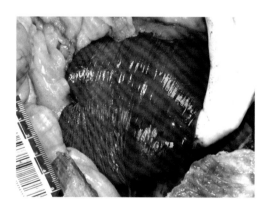

图7–13 草甘膦中毒尸体脾脏地图样改变（以淤血区域为主）

图7–14 乐果中毒尸体肾脏皮质色淡（髓质淤血）

综上所述，有机磷农药中毒死亡的尸体征象为颜面蜡黄、瞳孔缩小、呕吐、消化道黏膜腐蚀痕、四肢痉挛、胃黏膜刺激征象、肺淤血和水肿、气管腔内密集分布白色或淡黄色泡沫、腹腔脏器地图样改变的休克征象。颜面蜡黄及气管腔内密集分布的白色或淡黄色泡沫为有机磷农药中毒死亡尸体特有的尸体征象。根据尸体征象推断有机磷农药中毒死亡思路如图7–15、图7–16所示。

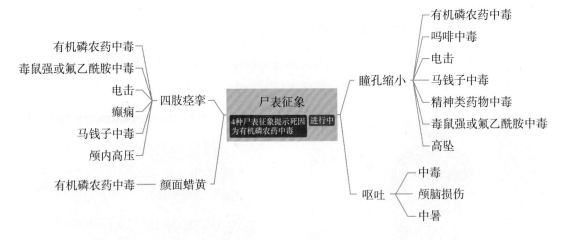

图 7 - 15 根据尸表征象推断有机磷农药中毒死

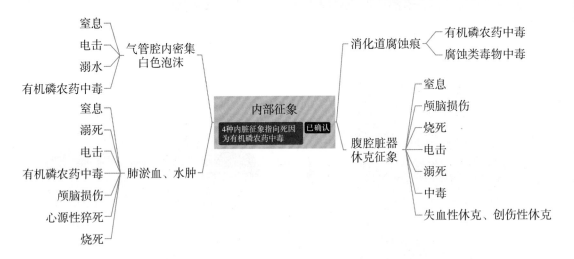

图 7 - 16 根据内脏征象推断有机磷农药中毒死

第四节 拟除虫菊酯类农药中毒

拟除虫菊酯类农药中毒作用机制尚未完全清楚,其主要作用于神经系统,中毒时出现震颤、四肢痉挛等症状。拟除虫菊酯类农药中毒死亡尸体则表现为尸僵发生早、强。

拟除虫菊酯类农药为油状液体,不溶于水,可引起皮肤瘙痒、发麻、刺痛、烧灼感等皮肤刺激征。中毒死亡尸体则表现为口鼻周分泌物增多(图 7 - 17),分泌物流淌处皮肤呈皮炎样改变,短时间接触局部皮肤呈红色(图 7 - 18),长时间接触局部皮肤表皮坏死、脱落(图 7 - 19)。

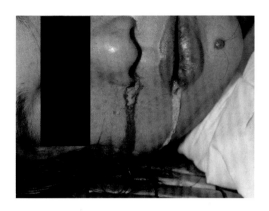

图 7 - 17　拟除虫菊酯类农药中毒尸体口鼻部
　　　　　　密集分布白色泡沫

图 7 - 18　拟除虫菊酯类农药中毒尸体口鼻部
　　　　　　皮肤呈过敏性皮炎样改变

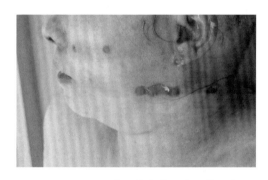

图 7 - 19　拟除虫菊酯类农药中毒尸体口鼻周
皮肤呈皮炎样改变伴部分皮肤表皮脱落

　　拟除虫菊酯类农药口服中毒者喉头黏膜受刺激后分泌亢进，分泌物与残留农药混合黏附于局部黏膜(图 7 - 20)。食管及胃壁改变与有机磷农药中毒相似，食管黏膜受腐蚀呈白色坏死样变性(图 7 - 21)；胃壁受刺激后应激性痉挛、收缩(图 7 - 22)，黏膜充血，局部被染为乳白色(图 7 - 23)，而有机磷农药中毒者胃黏膜染色多呈黄绿色(图 7 - 24)。

图 7 - 20　拟除虫菊酯类农药中毒后喉头黏
膜有乳白色油状液体残留

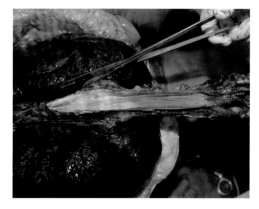

图 7 - 21　拟除虫菊酯类农药中毒后食管黏
膜腐蚀呈白色坏死样脱落

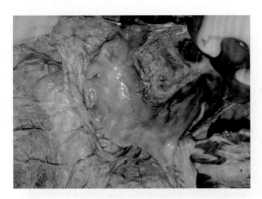

图 7-22　拟除虫菊酯类农药中毒致胃痉挛
（胃大、小弯血管怒张）

图 7-23　拟除虫菊酯类农药中毒致胃黏膜
充血（局部染色呈乳白色）

图 7-24　有机磷农药中毒后胃黏膜染色呈黄绿色

　　拟除虫菊酯类农药中毒死亡尸体会出现和有机磷农药中毒死亡尸体相似的腹腔脏器休克征象，如肝脏地图样改变、脾脏地图样改变、肾脏色浅、皮质色淡。二者尸体征象基本相近，仅胃内容物颜色及胃黏膜染色因农药本身颜色不同而有所差别。

第五节　百草枯中毒

　　百草枯极易溶于水，有腐蚀性，可通过皮肤、黏膜、胃肠道和呼吸道吸收，中毒方式以口服中毒多见，皮肤、黏膜中毒偶有发生，如利用民间偏方（百草枯涂抹阴囊治疗局部瘙痒）而中毒（图 7-25）、妻子在丈夫内裤上涂抹百草枯投毒，近年亦有肌内注射百草枯自杀的案例（图 7-26）发生。

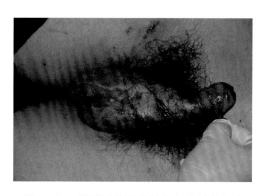

图 7 - 25　阴囊涂抹百草枯中毒致阴囊皮肤
腐蚀与变性

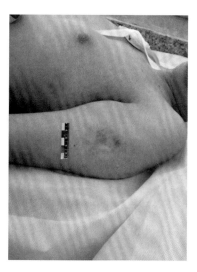

图 7 - 26　左肩部肌内注射百草枯 4 天后死亡
（局部皮下出血伴含铁血黄素沉积）

　　百草枯经皮肤吸收，局部皮肤表现为红斑、水疱等灼伤性损伤（图 7 - 25）；经消化道吸收，口腔、舌、食管、胃黏膜受腐蚀导致黏膜脱落（图 7 - 27），甚至胃肠出血（图 7 - 28、图 7 - 29）；中毒后 1～4 天内出现肝肾功能损害改变，表现为全身皮肤、黏膜黄疸（图 7 - 30），同时伴有肺损伤，表现为肺出血、实变（图 7 - 31）。肌内注射百草枯中毒，注射局部肌肉出血、坏死，伴含铁血黄素沉积（图 7 - 26）。

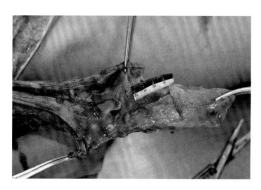

图 7 - 27　百草枯中毒致喉头黏膜腐蚀（假膜
样剥离）

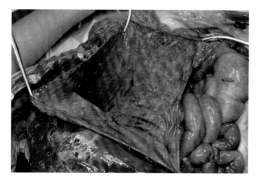

图 7 - 28　百草枯中毒致胃黏膜出血

图 7-29 百草枯中毒致肠黏膜出血

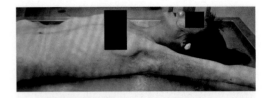

图 7-30 百草枯中毒致全身黄疸

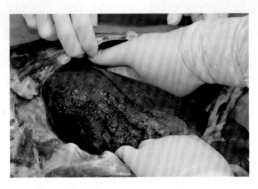

图 7-31 百草枯中毒致肺脏出血和实变(肺膜下有胆红素沉积)

综上,百草枯中毒死亡典型尸体征象有全身黄疸、肺出血和实变、皮肤黏膜腐蚀脱落、胃肠道出血及中毒引起的腹腔脏器休克征象(图7-32、图7-33)。

图 7-32 百草枯中毒后肝脏地图样改变以
缺血区域为主

图 7-33 百草枯中毒后双肾皮髓质色淡且
分界不清

第六节　毒鼠强中毒

毒鼠强又称"没鼠命"、"四二四"、特效灭鼠灵等，毒性强、无刺激性气味和色泽，常被用于自杀或他杀，大多为口服，意外中毒也较常见。毒鼠强是中枢神经系统抑制性神经递质 γ－氨基丁酸(gama-aminobutyric acid，GABA)的拮抗剂，阻断 GABA 对神经元的抑制作用，使运动神经元过度兴奋，导致强直性痉挛和惊厥。故毒鼠强中毒死亡尸体常保持手、足等部位的抽搐和痉挛改变(图7－34)，同时伴有口唇及舌尖咬伤(图7－35)；因生前强直性痉挛发作，尸僵发展较尸斑快。口服中毒死亡者会有胃大、小弯血管怒张(图7－36)及胃黏膜出血(图7－37)等应激反应；仅肝脏可出现以淤血区域为主的地图样改变(图7－38)，脾(图7－39)、肾淤血。

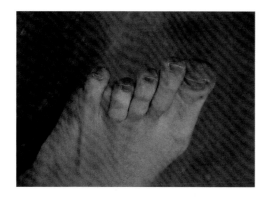

图7－34　毒鼠强中毒尸体左足足趾痉挛

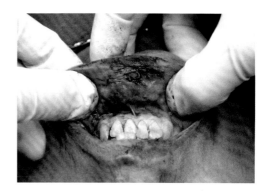

图7－35　毒鼠强中毒尸体抽搐发作口唇被
咬伤

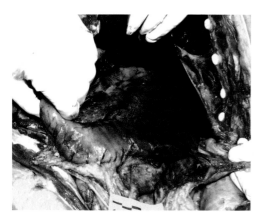

图7－36　毒鼠强中毒尸体胃大、小弯血管
怒张

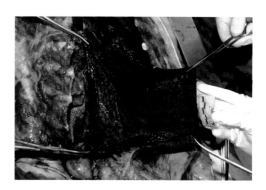

图7－37　毒鼠强中毒尸体胃黏膜大面积出血

图 7-38　毒鼠强中毒尸体以淤血区域为主的　　　图 7-39　毒鼠强中毒尸体脾脏淤血
　　　　　肝脏地图样改变

氟乙酰胺中毒尸体征象与毒鼠强相近，当尸体出现抽搐、痉挛征象时应考虑有无毒鼠强、氟乙酰胺中毒可能。

第七节　一氧化碳中毒

一氧化碳中毒是含碳物质燃烧不完全时的产物经呼吸道吸入引起的中毒。中毒机理是一氧化碳与血红蛋白的亲和力比氧与血红蛋白的亲和力高 200～300 倍，因此一氧化碳极易与血红蛋白结合形成碳氧血红蛋白，使血红蛋白丧失携氧的能力和作用，造成组织缺氧。当心血碳氧血红蛋白浓度达到 50% 以上即可致死，一般一氧化碳中毒死者血中碳氧血红蛋白饱和度多为 60%～80%，但也有低于 50% 的。不同人对一氧化碳的敏感度不一样，老人、小孩、孕妇等对一氧化碳较为敏感，有心肺基础疾病者对一氧化碳的耐受力较正常人低，服用安眠镇静类药物者对一氧化碳的耐受力亦较低，故血中碳氧血红蛋白浓度在 20% 左右亦可引起中毒死亡。

同一空间内多人发生一氧化碳中毒的案件中，可出现死伤者共存的情况。除考虑个人对一氧化碳的敏感度和耐受性问题，还应考虑同一空间内不同区域一氧化碳浓度差异性分布，此时可进行现场模拟实验，检测同一空间内不同区域的一氧化碳分布浓度，以便解释死伤者共存的原因。

一氧化碳中毒死亡者典型尸体征象为尸斑，皮肤、黏膜及内脏器官呈现樱红色，部分死者会伴随有呕吐。现场发现死者出现尸斑及皮肤、黏膜樱红色改变时，应首先考虑一氧化碳中毒的可能，以及现场是否具备产生一氧化碳的条件，如炭盆、天然气热水器等。若现场不具备产生一氧化碳的条件，还应考虑现场外一氧化碳溢入现场的可能，应扩大范围进行现场勘查，查找一氧化碳产生地点和溢入途径。

第八节　盐酸地芬尼多中毒

盐酸地芬尼多又叫眩晕停，用于改善椎底动脉供血，调节前庭系统功能，抑制呕吐中枢，有抗眩晕及镇吐作用，可用于治疗各种原因或者疾病引起的眩晕、恶心、呕吐、头晕等症状，多在晕车、晕船时服用。近年来，有大剂量服用盐酸地芬尼多自杀的案件发生。盐酸地芬尼多服用剂量过大就会出现中毒的症状。据研究报道，盐酸地芬尼多具有抗组胺 H1 受体、抗胆碱能和奎尼丁样作用[1-3]。过量服用盐酸地芬尼多会使抗组胺 H1 受体作用增强，表现为中枢神经系统症状，包括嗜睡、镇静等精神改变；抗胆碱能作用表现为口干、瞳孔散大、心率增快、低血压，以及肌张力改变、肢体震颤等[4]；奎尼丁样作用可引起心肌坏死及不同程度的心律失常，严重时出现心室颤动、室性逸搏、心室停搏等恶性心律失常，严重的患者可出现呼吸循环衰竭而死亡。近年来，服用盐酸地芬尼多自杀类案件频发，药物多为网络购买，致死量范围为 2.71～25.2 μg/mL。盐酸地芬尼多的中毒机制为中枢神经系统的先抑制，后兴奋，而后再转为抑制，中毒严重者多因呼吸中枢、血管运动中枢抑制而死于呼吸循环衰竭[5]。盐酸地芬尼多口服后在体内分布广泛，各器官含量由高到低依次为心、肝、脾、肺、肾、脑及肌肉，90% 以上以原形经肾脏排出[6-7]。因此，在遇到抢救后迁延性死亡案例时，心血及其他脏器中可能难以检出盐酸地芬尼多的成分，此时不能简单排除盐酸地芬尼多中毒，应收集死者尿样，特别是治疗期间保存的尿样进行检测。

盐酸地芬尼多中毒死亡者尸体可见结膜淤血或出血、肺淤血、肺水肿、腹腔脏器以淤血区域为主的地图样改变、大脑弥漫性肿胀、蛛网膜下腔扩张或出血，甚至广泛性脑底出血(图 7-40)，机理与盐酸地芬尼多可增加椎底动脉供血有关。大剂量服用盐酸地芬尼多后，椎底动脉供血增加，血管内压力升高后可发生血管破裂出血。因脑底大范围出血，导致颅内压增高，硬脑膜紧绷，脑组织腐败液化后硬脑膜依旧紧绷，呈现气球过度充气样改变(图 7-41)。

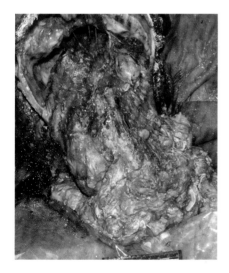

图 7-40　盐酸地芬尼多中毒致脑底大范围出血

图 7-41　盐酸地芬尼多中毒致脑底大范围出血，硬脑膜紧绷呈气球过度充气样改变

盐酸地芬尼多中毒者因大脑弥漫性肿胀、脑底大范围出血压迫脑干，以及药物自身抑制呼吸中枢引起呼吸循环衰竭死亡，故尸体肺脏呈现中枢性肺水肿改变，肺脏高度淤血、水肿，双肺表面膨隆，少量气肿或无气肿（图7-42）；肺脏切面有大量暗红色血性水肿液溢出，尸体腐败后肺内源血性液体经口鼻腔溢出（图7-43），或渗透至胸腔形成源血性渗出液。

双肺高度淤血，表面光滑无气肿。

图7-42　盐酸地芬尼多中毒尸体双肺表面膨隆

颜面部及上胸部有大范围的出血性类尸斑效应，口鼻腔溢出源血性液体。

图7-43　盐酸地芬尼多中毒后口鼻腔溢出源血性液体

盐酸地芬尼多中毒死者全身非低下部位会出现出血性类尸斑效应（图7-44），呈棉絮状，以颜面、胸部及双上肢显著。

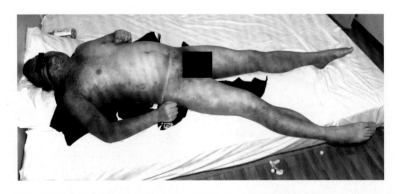

全身非低下部位出现大范围出血性类尸斑效应，口鼻腔溢出暗红色血性水肿液。

图7-44　盐酸地芬尼多中毒尸体的类尸斑效应

当尸体进一步腐败时，全身的类尸斑效应则发展为对应部位的腐败静脉网及腐败尸绿（图7-45）。

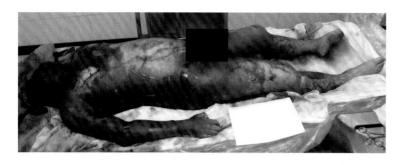

腐败静脉网及腐败尸绿与类尸斑效应分布相吻合。

图 7-45　盐酸地芬尼多中毒尸体腐败特征

盐酸地芬尼多中毒死亡尸体征象有上半身的出血性类尸斑效应、口鼻腔源血性溢出液、脑底大范围出血及中枢性肺淤血和肺水肿。新鲜尸体征象推断盐酸地芬尼多中毒如图 7-46 所示。

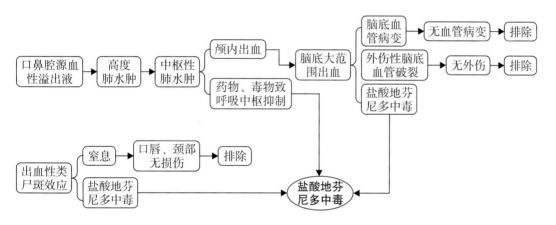

图 7-46　新鲜尸体征象推断盐酸地芬尼多中毒

第九节　甲醇中毒

甲醇为无色、透明、易燃液体，略有乙醇香味，可用作防冻剂、脱水剂、杀菌剂和燃料等，有"工业酒精"之称。甲醇中毒多为误服，甲醇可经呼吸道、消化道吸收，在体内经肝脏代谢，在肝脏醇脱氢酶和过氧化物酶作用下氧化为甲醛，甲醛在甲醛脱氢酶作用下氧化为甲酸，甲酸受氧化酶的作用氧化为二氧化碳和水，与乙醇代谢途径相似。甲醇中毒后潜伏期一般为 12～24 小时，因乙醇与醇脱氢酶结合力大于甲醇，甲醇与乙醇同时服用可使甲醇中毒潜伏期延长，初始症状不明显，即甲醇中毒后并未立即出现中毒症状，而于中毒后 48 小时左右出现中毒症状。

甲醇中毒死亡尸体胃肠道黏膜有充血、点状出血等刺激征象。

甲醇对细胞膜上的钙泵活性有明显影响，可使 Ca^{2+} 由细胞外向细胞内流动，使血管平滑肌痉挛，血管阻力增加，严重时可使全身，特别是脑部血管发生动力学障碍，表现为心、脑小血管管壁痉挛（图7-47至图7-49）或血管壁损伤，血管通透性增高，血浆外渗和出血，如脑表面蛛网膜下腔片状出血（图7-50、图7-51）。

喝酒后死亡尸体头面部无外伤，而大脑表面有片状蛛网膜下腔出血时应考虑甲醇中毒的可能。

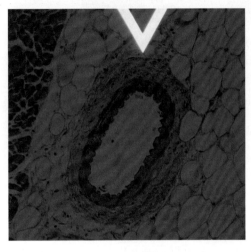

图7-47　甲醇中毒死亡尸体心肌间质小血管
内膜收缩

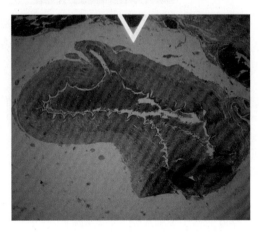

图7-48　甲醇中毒死亡尸体脑桥血管内膜收缩

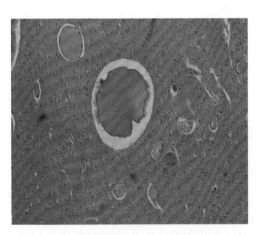

图7-49　甲醇中毒死亡尸体大脑间质内小血
管痉挛（血管周隙增宽）

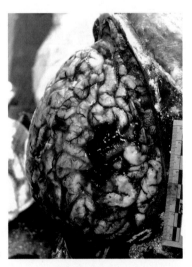

图7-50　甲醇中毒死亡尸体右颞叶局灶性
蛛网膜下腔出血

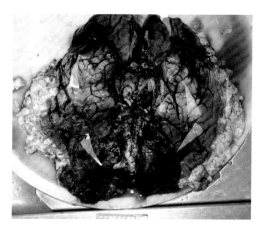

图 7 - 51　甲醇中毒死亡尸体双侧颞叶、小脑多发片状蛛网膜下腔出血

第十节　乙醇中毒

乙醇俗称酒精，是生活中各种酒类饮料的主要成分。乙醇中毒是指过量摄入乙醇后发生的以神经、精神改变为主要表现，伴有机体脏器损害的中毒疾患。急性乙醇中毒可分为兴奋期、共济失调期、抑制期 3 个阶段。兴奋期主要表现为不同程度的欣快感，兴奋、躁狂、情绪不稳定及面部发红、脉搏加速；共济失调期主要表现为动作不协调、步态不稳、口吃、语无伦次、说话含糊不清、呕吐；抑制期表现为昏睡、昏迷，面色苍白，皮肤湿冷、发绀，体温降低，血压下降，瞳孔散大，最终因呕吐物吸入窒息或呼吸衰竭而死亡。

乙醇中毒可因呼吸中枢受抑制或昏迷后呕吐物吸入呼吸道造成窒息而死亡。乙醇中毒死亡常见尸体征象分为体表征象、消化道刺激征象、腹腔脏器中毒休克征象及呼吸中枢抑制征象。

一、体表征象

体表征象包括兴奋期的颜面潮红(图 7 - 52)或抑制期的颜面苍白(图 7 - 53)、非低下部位的类尸斑效应(图 7 - 54)、兴奋期的睑球结膜充血(图 7 - 55)或抑制期的睑球结膜苍白(图 7 - 56)、尸斑(图 7 - 57)、肌肉(图 7 - 58)及内脏器官呈鲜红色改变(图 7 - 59)。

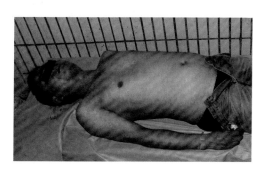

图 7 - 52　乙醇中毒兴奋期颜面充血

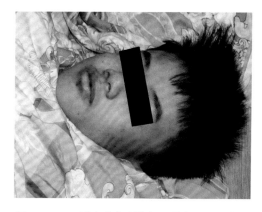

图 7 - 53　乙醇中毒抑制期颜面苍白、口唇发绀

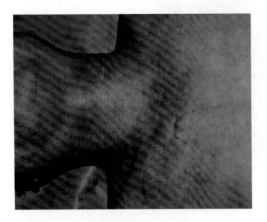

图 7 – 54　乙醇中毒死亡尸体颈部、上胸部
出现类尸斑效应

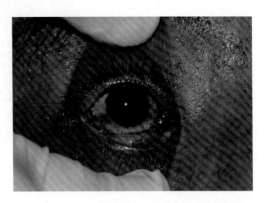

图 7 – 55　乙醇中毒兴奋期睑球结膜充血

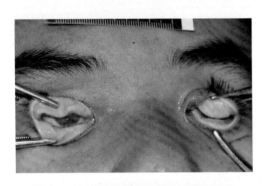

图 7 – 56　乙醇中毒抑制期睑球结膜苍白

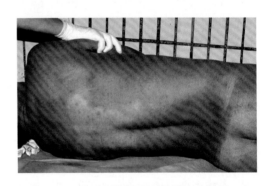

图 7 – 57　乙醇中毒死亡尸体的尸斑呈鲜红色

图 7 – 58　乙醇中毒死亡尸体胸壁肌肉
呈鲜红色

图 7 – 59　乙醇中毒死亡尸体大脑皮质呈
淡粉红色

　　乙醇中毒死亡尸体尸斑呈鲜红色，较窒息死亡尸体尸斑颜色偏红，较一氧化碳中毒死亡尸体尸斑颜色偏暗淡。

二、消化道刺激征象

消化道刺激征象包括呼吸道及上消化道内呕吐物附着、胃肠应激改变。胃应激改变表现为胃大、小弯及胃壁血管怒张(图7－60)，胃黏膜皱缩，胃黏膜斑块状出血(图7－61)；肠应激改变主要表现为肠壁血管充血(图7－62)，根据肠壁血管充血节段分布(图7－63)可进行酒后死亡时间推断。

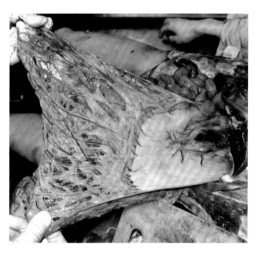

胃大、小弯血管豆芽状怒张，胃壁血管充血。

图7－60　乙醇中毒死亡尸体胃大、小弯血管怒张

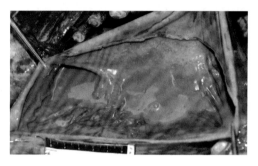

图7－61　乙醇中毒死亡尸体胃黏膜皱缩，局部黏膜斑块状出血

图7－62　乙醇中毒死亡尸体肠壁血管充血

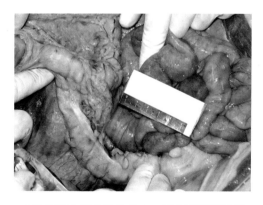

小肠肠壁血管节段性充血，回盲部以下肠管无充血改变，提示酒精排空至回肠段，死者为酒后10小时左右死亡。

图7－63　乙醇中毒死亡尸体肠壁血管充血节段性分布

三、腹腔脏器中毒休克征象

腹腔脏器中毒休克征象包括肝脏(图7-64)、脾脏(图7-65)、肾脏地图样改变(图7-66)。因乙醇中毒致呼吸中枢抑制,机体缺氧,肝、脾、肾等外周器官血管收缩,代偿性增加血液回流,增加心脑血氧供应,故肝、脾、肾会出现以缺血区域为主的地图样改变。

图7-64　乙醇中毒死亡尸体肝脏地图样改变
（以土黄色缺血区域为主）

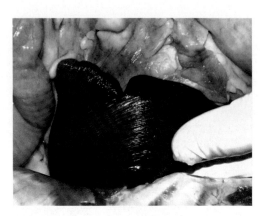

图7-65　乙醇中毒死亡尸体脾脏地图样改变
（以粉红色缺血区域为主）

图7-66　乙醇中毒死亡尸体肾脏地图样改变(以粉红色缺血区域为主)

四、呼吸中枢抑制征象

呼吸中枢抑制征象主要表现为中枢性肺水肿,以肺淤血、水肿显著,肺表面光滑,无气肿改变(图7-67),尤以肺部背侧的表现最为明显,肺脏切面有大量大小均匀的血性密集泡沫溢出(图7-68),气管腔内亦有密集分布的血性泡沫(图7-69)。

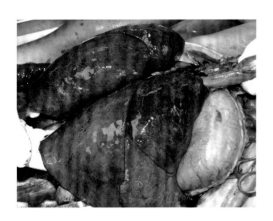

肺高度膨隆，表面光滑，无气肿及水肿凸起
于肺表面。

图 7 - 67　乙醇中毒死亡尸体中枢性肺水肿

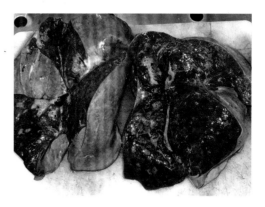

肺切面溢出大量大小均匀的血性密集泡沫。

图 7 - 68　乙醇中毒死亡尸体肺切面

气管腔内密集分布大量大小均匀的血性泡沫。

图 7 - 69　乙醇中毒死亡尸体气管腔内泡沫

　　成年人乙醇中毒的致死血浓度为 400～500 mg/dL，但存在个体差异性，不少案件中，死者心血中乙醇浓度未达致死浓度也造成了死亡。目前尚未有关于未成年人乙醇中毒致死浓度的报道，但实际工作中，时有未成年人乙醇中毒死亡案件发生，死者心血中乙醇浓度大多未达到 400～500 mg/dL，此时死因评价成为难题。

　　乙醇中毒致死血浓度为诊断乙醇中毒死亡的重要依据之一，而非唯一依据，诊断乙醇中毒死亡应结合血中乙醇浓度和尸体征象进行综合考量。当死者血中乙醇浓度达到致死血浓度时，尸体多呈现乙醇中毒抑制期改变征象，如面色苍白、发绀、呕吐物误吸及中枢性呼吸衰竭引起的肺淤血、肺水肿。当死者血中乙醇浓度低于致死血浓度时，若尸体伴随乙醇中毒抑制期改变征象，亦可诊断为乙醇中毒死亡；若尸体伴随乙醇中毒兴奋期征象，则须考虑死因有无其他因素参与，如自身疾病、药物、毒物等因素。因此，乙醇中毒抑制期改变的尸体征象可辅助诊断死者是否为乙醇中毒死亡。

参 考 文 献

［1］VAROLI L, ANGELI P, BURNELLI S, et al. Synthesis and antagonistic activity at muscarinic receptor subtypes of some 2-carbonyl derivatives of diphenidol[J]. Bioorganic & Medicinal chemistry, 1999, 7 (9): 1837 – 1844.

[2]VAROLI L, ANGELI P, BUCCIONI M, et al. Synthesis and antagonistic activity at muscarinic receptor subtypes of some derivatives of diphenidol[J]. Farmaco, 2003, 58(9): 651 – 657.

[3]VAROLI L, ANDREANI A, BURNELLI S, et al. Diphenidol-related diamines as novel muscarinic M4 receptor antagonists[J]. Bioorganic & Medicinal chemistry letters, 2008, 18(9): 2972 – 2976.

[4]廖世军. 眩晕停致急性锥体外系反应[J]. 脑与神经疾病杂志, 2003, 11(2): 95.

[5]姜铭章, 闫新, 王开军. 8 例眩晕停中毒分析[J]. 刑事技术, 2002(2): 48 – 49.

[6]吴珏, 袁士诚. 中华人民共和国药典二部: 临床用药须知[M]. 北京: 化学工业出版社, 1995: 251.

[7]汤光. 实用内科药物手册[M]. 北京: 中国医药科技出版社, 2001: 638.

第(八)章　腐　败　尸　体

人死后人体的组织蛋白质因腐败细菌的作用而发生分解的过程称为尸体腐败，它是早期尸体现象的继续，是最常见的晚期尸体现象。尸体腐败通常在死后 24 小时甚至 48 小时、72 小时才开始出现。尸体腐败初期表现为腹部膨胀、腐败尸绿、口鼻腔血性液体溢出、腐败静脉网，腐败后期表现为腐败水疱、腐败巨人观、组织器官液化，最终崩解、白骨化。尸体腐败后，可用于死因推断的尸体征象及生前损伤均不同程度地消失，因此，腐败尸体死因推断成为法医日常工作中的难题。目前水中腐败尸体可以借助硅藻检验鉴别溺死和非溺死，非水中腐败尸体除常规毒物检测外，尚无死因推断的有效方法。

法医日常工作中，常见死因包括机械性窒息、失血性休克、创伤性休克、颅脑损伤、中毒、电击、烧死、心源性猝死、脑源性猝死、消化道源性猝死等。失血性休克、烧死、消化道源性猝死以失血、失液引起休克为死亡机理，以休克类尸体征象为主；机械性窒息、电击、心源性猝死以缺氧为死亡机理，以淤血类尸体征象为主；颅脑损伤、脑源性猝死、中毒则同时呈现休克类尸体征象和淤血类尸体征象。不同的死因对应不同的尸体征象组合，因此可以利用腐败尸体征象推断腐败尸体的死亡原因。

第一节　休克类腐败尸体征象

以失血、失液引起休克为死亡机理死亡的尸体呈现的尸体征象称为休克类尸体征象，表现为组织缺血改变。

新鲜尸体表现为尸斑浅淡、皮肤黏膜苍白、睑结膜苍白、甲床苍白、四肢肌肉色淡、气管黏膜苍白、肺脏部分色淡、肺脏切面干燥、肝脏以缺血区域为主的地图样改变、脾脏以缺血区域为主的地图样改变、肠壁血管空虚、子宫以缺血区域为主的地图样改变、肾脏以缺血区域为主的地图样改变。休克代偿期尸体表现为心、脑表面血管怒张，交通支开放；休克失代偿期尸体表现为双肺苍白，腹腔脏器地图样改变消失——脾脏表面全部呈粉红色、肾脏呈均匀的粉红色、胰腺切面呈土黄色改变、子宫表面苍白、肝脏表面全部呈土黄色。当无法保证心、脑等重要器官的有效灌注时，尸体则呈现心、脑表面血管空虚，颅骨板障部分缺血或空虚的征象。

尸体腐败后，尸斑浅淡、皮肤黏膜苍白、睑结膜苍白、甲床苍白等大多数体表休克尸体征象均因腐败而消失，常见的休克类腐败尸体体表征象有非血性腐败渗出液(图 8-1 至图 8-3)、体表大面积脂肪样皮革样化改变(图 8-4 至图 8-6)。

图 8-1 消化道出血死亡尸体腐败水疱
破裂后渗出淡红色腐败液体

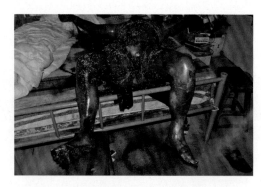

图 8-2 消化道出血死亡尸体腐败水疱
破裂后渗出淡黄色腐败液体

图 8-3 头部创口致失血性休克合并颅脑损
伤死亡尸体腐败后渗出淡黄色腐败液体

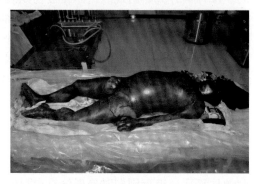

图 8-4 消化道出血死亡腐败尸体多部位出现
脂肪样皮革样化改变

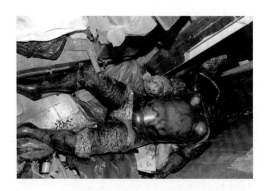

图 8-5 双小腿大面积肌肉出血致创伤性休克
死亡腐败尸体出现大面积脂肪样皮革样化改变

图 8-6 颅骨粉碎性骨折死亡腐败尸体双下肢
出现大面积脂肪样皮革样化改变

　　休克类腐败尸体内脏器官征象有肌肉色淡（图 8-7）、低下部位肌肉无血液坠积效应（图 8-8）、颅骨板障缺血（图 8-9、图 8-10）、肺脏色淡、肺脏切面色浅、胸腔无腐败血性液体渗出、肝脾等腹腔脏器以缺血区域为主的地图样改变、肠壁无腐败血管网、脑组织石灰样改变。

图 8-7　颅骨粉碎性骨折死亡腐败尸体脂肪
样皮革样化改变对应部位肌肉色淡

图 8-8　消化道出血死亡腐败尸体背侧
肌肉色浅，无血液坠积效应

图 8-9　消化道出血死亡腐败尸体颅底板障
空虚

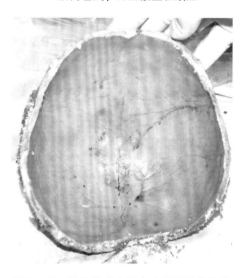

图 8-10　消化道出血死亡腐败尸体颅盖骨
板障空虚

　　因失血失液死亡的尸体，双肺缺血，颜色变浅或苍白，尸体腐败后肺脏色淡（图
8-11），双肺切面色浅（图 8-12），胸腔无腐败血性液体渗出，胸壁无血性液体浸染痕
（图 8-13）。

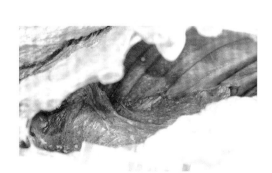

图 8-11　全身大面积肌肉出血致创伤性休
克死亡腐败尸体双肺色淡

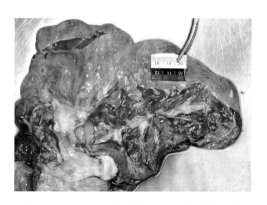

图 8-12　全身大面积肌肉出血致创伤性休
克死亡腐败尸体双肺切面色浅

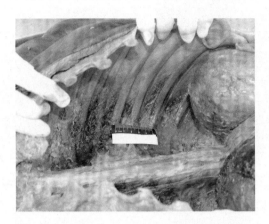

胸腔内无血性渗出液，胸壁亦无血性渗出液浸染痕。

图 8-13　全身大面积肌肉出血致创伤性休克死亡腐败尸体胸腔

肝脏地图样改变：腐败初期，肝脏呈现以缺血区域为主的地图样改变（图 8-14），缺血区域呈浅黄色；随腐败进展，肝脏缺血区域的颜色由浅黄色变为黄褐色（图 8-15）。

肝脏软化，表面呈现大面积浅黄色改变。

**图 8-14　消化道大出血死亡腐败尸体肝脏
地图样改变**

随着腐败加剧，肝脏表面缺血区域颜色呈黄褐色。

**图 8-15　消化道大出血死亡尸体肝脏腐败
后期改变**

脾脏地图样改变：腐败初期，脾脏呈现以缺血区域为主的地图样改变（图 8-16）与新鲜尸体脾脏改变无异；随腐败进展，脾脏颜色加深，呈暗黑色，但地图样改变依旧保留（图 8-17），切面亦可保留缺血区域和淤血区域相间的改变（图 8-18）。

图 8 - 16　失血性休克死亡腐败尸体以缺血
区域为主的脾脏地图样改变

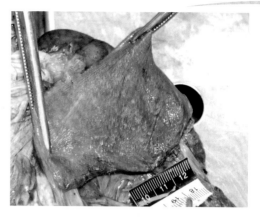

随死亡时间延长，脾脏表面缺血区域颜色改变不大，仍呈现粉红色和蓝紫色相间的地图样改变。

图 8 - 17　失血性休克尸体脾脏腐败后期改变

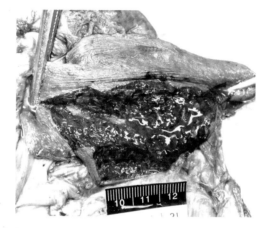

随着尸体腐败进展，脾脏软化，切面大部分呈现淡红色，并有液化组织溢出。

图 8 - 18　失血性休克死亡腐败尸体脾脏切面

肾脏地图样改变：尸体腐败后肾脏表面地图样改变可以保留，但边界较新鲜尸体肾脏表面地图样改变模糊(图 8 - 19)。

肾脏软化，表面保留地图样改变，以缺血的淡红色区域为主，残留小面积暗红色非缺血区域。

图 8 - 19　失血性休克死亡腐败尸体肾脏地图样改变

肠壁颜色均一，无墨绿色腐败血管网：因腹腔脏器失血，肠壁血管空虚，无法形成墨绿色腐败血管网（图8-20）。

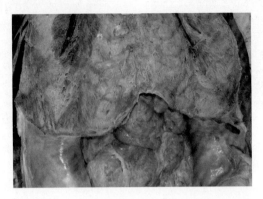

胸壁肌肉色浅，大网膜及肠管无墨绿色的腐败血管网。
图8-20 头部创口致失血性休克死亡腐败尸体肠壁无腐败血管网

脑组织石灰样改变：脑组织由于血液灌注不足，导致大脑表面血管空虚，腐败后无血管内血液外渗、浸染，故大脑表面脑组织呈暗灰色（图8-21），液化后全脑呈石灰样改变（图8-22）。

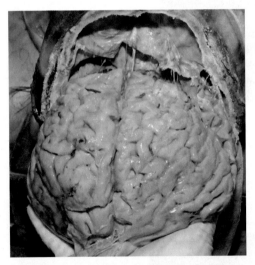

脑组织软化，大脑表面无腐败血液浸染，呈暗灰色改变。

图8-21 失血性休克死亡腐败尸体大脑表面改变

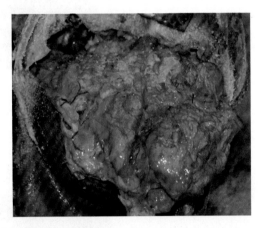

脑组织部分液化，因脑组织缺血而呈现石灰样改变。

图8-22 失血性休克死亡腐败尸体全脑石灰样改变

第二节　非休克类腐败尸体征象

以非失血、失液为死亡机理的尸体腐败后各组织、器官呈现的淤血征象称为非休克类腐败尸体征象，尤以窒息死亡、心源性猝死腐败尸体征象为典型。

新鲜尸体表现为：尸斑浓重（图8-23）、非低下部位的类尸斑效应（图8-24）、颜面淤紫（图8-25）、睑结膜淤血（图8-26）、甲床发绀、肌肉暗红色（图8-27）、气管黏膜充血、肺脏淤血与水肿（图8-28）、肺脏切面血性水肿液溢出（图8-29）、肝脏淤血（图8-30）、脾脏淤血（图8-31）、肠壁血管淤血（图8-27）、肾脏淤血（图8-32、图8-33）、颅骨板障淤血（图8-34），心脑表面血管怒张、交通支开放（图8-35），大脑灰质因含血量丰富呈粉红色，白质呈白色（图8-36）。

图8-23　心源性猝死尸体腰背部暗红色尸斑

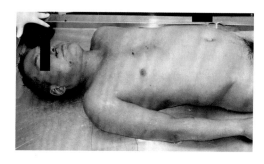

图8-24　心源性猝死尸体颜面、上胸、双上肢的类尸斑效应

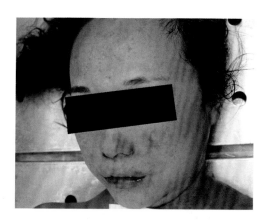

图8-25　掐颈窒息死亡尸体颜面淤紫伴出血点

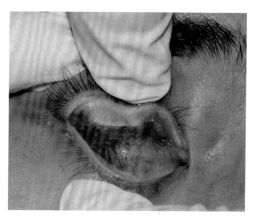

图8-26　不完全悬空缢颈死亡尸体睑结膜淤血且血管怒张

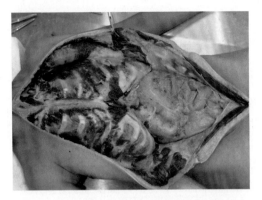

图 8-27　掐颈窒息死亡尸体胸壁肌肉呈暗
红色，大网膜血管充盈

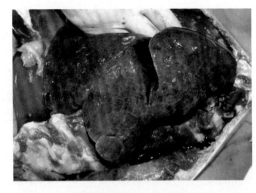

图 8-28　掐颈窒息死亡尸体右肺淤血、水肿，
表面膨隆

图 8-29　掐颈窒息死亡尸体右肺切面血性
水肿液溢出

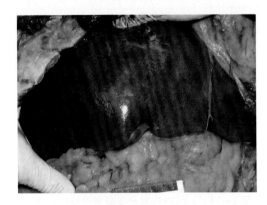

图 8-30　心源性猝死尸体肝脏淤血表面呈
暗红色

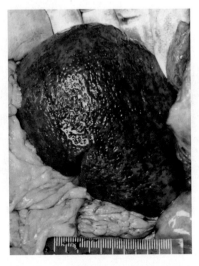

图 8-31　心源性猝死尸体脾脏淤血，
表面颜色均一

图 8-32　心源性猝死尸体双肾淤血，
表面颜色均一

图 8 – 33 心源性猝死尸体双肾皮髓质淤血
且分界模糊

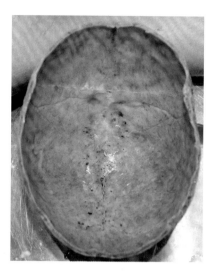

图 8 – 34 掐颈窒息死亡尸体颅骨板障淤血

图 8 – 35 掐颈窒息死亡尸体心脏底部血管
怒张，交通支开放

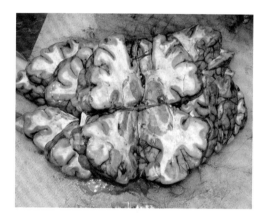

图 8 – 36 心源性猝死尸体大脑灰质因含血量
丰富呈粉红色，白质呈白色

尸体腐败后，各种非休克类尸体征象亦随之发生改变。

一、尸斑

尸斑为死后血液向下坠积所致，故尸斑形成部位血液含量较其他部位多。尸体腐败后，尸斑形成处组织颜色较尸体其他部位深，呈现乌黑色（图 8 – 37、图 8 – 38）。

图8-37　窒息死亡尸体入水腐败后的胸侧
皮肤呈墨绿色

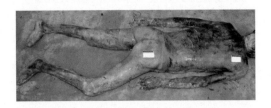

图8-38　窒息死亡尸体入水腐败后的背侧
皮肤呈乌黑色

二、类尸斑效应

类尸斑效应为死前局部皮肤含血量在短时间内急剧增加并于死后得以保留而在体表呈现出的与其他部位皮肤颜色差异的改变。掐颈窒息死者颜面部的类尸斑效应为头面部血液回流受阻所致；双上肢的类尸斑效应则为死前双上肢剧烈反抗引起的局部组织耗氧量增加、局部血管扩张所致，因身体其他部位无耗氧及血管扩张改变，故体表皮肤呈现差异性改变。乙醇中毒死者颜面部、上胸部及双上肢的类尸斑效应则为乙醇刺激局部皮肤血管扩张所致。因此，有类尸斑效应出现的部位含血量较其他部位丰富（图8-39），腐败初期形成腐败静脉网的时间较其他部位早（图8-40），腐败后期局部组织因腐败血性液体浸染导致颜色加深改变亦较其他部位严重（图8-41）。

图8-39　溺死尸体颜面部、胸部、双上肢的类尸斑效应

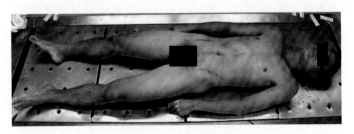

溺死尸体腐败初期颜面部、胸部、双上肢腐败静脉网的出现较尸体其他部位早。
图8-40　溺死尸体类尸斑效应腐败初期改变

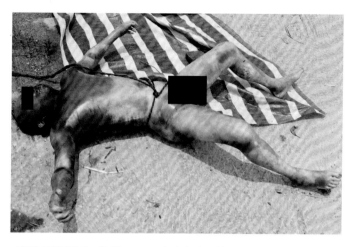

腐败后期颜面、胸部、双上肢受腐败液体浸染，局部皮肤颜色
加深，分布范围与类尸斑效应分布区域一致。

图 8 - 41　溺死尸体类尸斑效应腐败后期改变

三、肺淤血、水肿腐败后改变

随尸体腐败，肺内血液和水肿液会经呼吸道向外挤压，亦会向胸腔渗出，形成血性
胸腔积液(图 8 - 42)；肺脏内部随血液及水肿液外渗而萎缩、塌陷，肺脏体积变小，但
肺脏表面依旧呈暗红色，切面有血性液体溢出(图 8 - 43)。随着腐败进展，胸腔内的血
性胸腔积液经背部肌肉、皮肤外渗，仅在胸腔侧壁遗留血性积液浸染痕(图 8 - 44)，此
时肺脏体积进一步变小，肺脏表面及切面颜色稍浅淡，切面无血性液体溢出(图 8 -
45)。

溺死尸体腐败后胸腔渗出大量血性积液。

图 8 - 42　溺死尸体腐败形成的血性胸腔积液

溺死尸体腐败后随着肺内液体渗出，肺脏体
积缩小，表面和切面呈暗红色，切面有血性
液体溢出。

图 8 - 43　溺死尸体腐败后的肺脏切面

溺死尸体腐败后，血性胸腔积液外渗，仅胸腔侧壁残留液体浸染痕。

图8-44 溺死尸体腐败后的胸壁液体浸染痕

溺死尸体进一步腐败，肺内血性水肿液外渗，肺脏萎缩塌陷，表面保持暗红色，颜色稍浅，切面无血性液体溢出。

图8-45 溺死尸体腐败后期肺脏改变

四、肝脏淤血腐败后改变

肝脏受腐败影响较小，腐败初期表面有腐败气泡形成（图8-46），腐败后期软化，暗红色淤血貌可以保持（图8-47）。

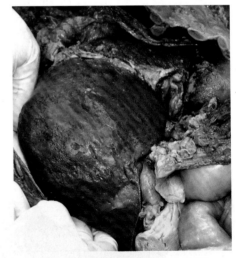

腐败初期肝脏表面有腐败气泡形成，大体可以保持暗红色淤血貌。

图8-46 尸体腐败初期的肝脏淤血情况

腐败后期肝脏依旧可以保持暗红色淤血貌。

图8-47 尸体腐败后期的肝脏淤血情况

五、脾脏淤血腐败后改变

脾脏和肝脏腐败后的改变相似，受腐败影响较小，腐败初期表面有腐败气泡形成（图8-48），腐败后期脾脏软化，内部血液外渗，体积缩小，暗紫色淤血貌可以保持（图8-49），切面亦保持暗紫色淤血改变（图8-50）。

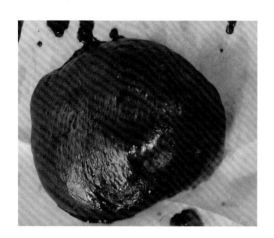

图 8 - 48 尸体腐败初期脾脏保持暗紫色
淤血貌

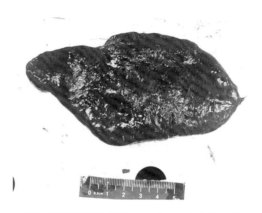

腐败后期脾脏体积缩小，依旧呈暗紫色淤
血貌。

图 8 - 49 尸体腐败后期脾脏淤血情况

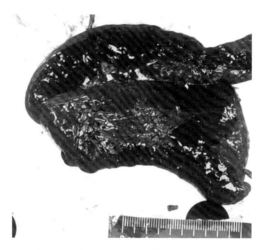

脾脏淤血，腐败后期脾脏体积缩小，切面呈
暗紫色淤血貌，颜色较腐败初期加深。

图 8 - 50 尸体腐败后期脾脏切面情况

六、肠壁血管淤血腐败后改变

尸体腹腔大网膜及肠壁墨绿色腐败静脉网（图 8 - 51），为大网膜及肠管血管内淤血
腐败所致；而休克类尸体由于缺血导致大网膜及肠壁血管空虚，腐败后无法形成肠壁的
腐败静脉网（图 8 - 52）。

图 8-51　溺死尸体腐败后大网膜及肠壁表面
的大量墨绿色腐败静脉网

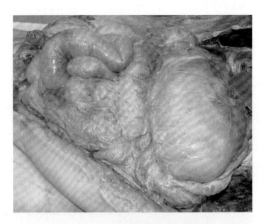

图 8-52　病理性蛛网膜下腔出血死亡尸体
腐败后大网膜及肠壁无墨绿色腐败静脉网

七、肾脏淤血腐败后改变

　　肾脏与肝、脾均属腹腔实质器官，腐败较慢，腐败后改变相似，淤血貌受腐败影响较小，腐败初期表面有腐败气泡形成（图 8-53），腐败后期肾脏软化，体积缩小，表面及切面保持暗紫色或暗红色淤血貌（图 8-54）。

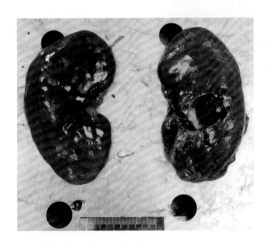

肾脏淤血貌受腐败影响较小，颜色较新鲜淤血肾脏深。

图 8-53　尸体腐败初期肾脏淤血貌

肾脏淤血貌受腐败影响较小，切面呈暗红色，皮髓质分界模糊。

图 8-54　尸体腐败后期肾脏淤血貌

八、颅骨板障淤血貌腐败后改变

　　颅骨板障淤血貌在颅骨白骨化前均可保留（图 8-55），新近白骨化的颅骨亦可保留部分淤血貌，腐败初期表现为板障内淤血面积缩小（图 8-56），腐败后期表现为板障内淤血腐败，颜色发黑，并透过颅骨显现（图8-57），颅骨完全脱水干燥后淤血貌则消失（图8-58）。

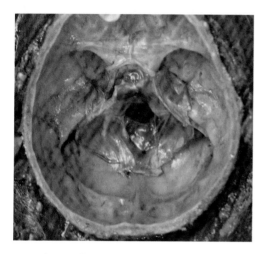

软组织腐败期颅骨板障淤血貌保留。

图8-55　窒息死亡尸体腐败后颅骨板障淤血貌

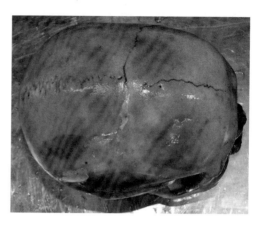

颅骨新近白骨化，板障淤血貌部分保留。

图8-56　窒息死亡尸体腐败初期颅骨板障淤血貌

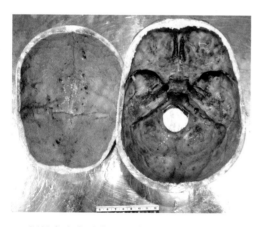

颅骨完全白骨化，板障内淤血腐败发黑。

图8-57　窒息死亡尸体腐败后期颅骨板障淤血貌

图8-58　颅骨完全脱水干燥后的板障淤血貌消失

九、脑组织淤血貌腐败后改变

脑组织淤血，腐败前大脑表面血管内充满血液（图8-59）；腐败初期血管内溶血，并向周围脑组织外渗致脑回染色（图8-60、图8-61）；腐败后期脑组织软化、液化，大脑灰质液化呈富含血液的粉红色液体，白质液化后呈石灰色液体（图8-62）。

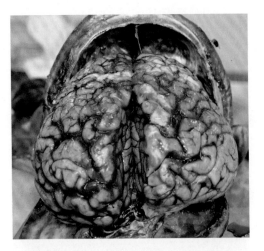

窒息死亡 1 天，大脑表面血管淤血，血管塌陷于脑沟间。

图 8 – 59　尸体腐败前脑组织淤血貌

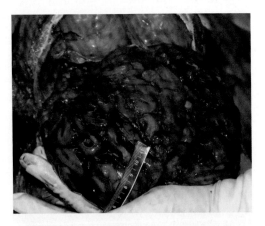

窒息死亡 2 天，血管内溶血，致脑沟旁脑回局部红染。

图 8 – 60　尸体腐败初期脑组织淤血貌

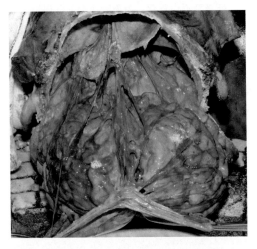

窒息死亡 2 天，血管内溶血外渗致脑回红染，部分皮质开始液化。

图 8 – 61　尸体腐败初期脑组织血管内溶血外渗

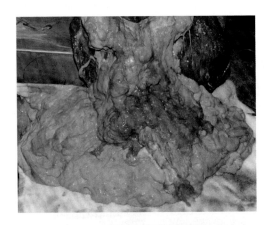

窒息死亡 4 天，脑组织不完全液化，大脑表面及脑底组织液化呈粉红色，大脑深部组织液化呈石灰色。

图 8 – 62　尸体腐败后期脑组织淤血貌

第三节　窒息类腐败尸体征象

　　窒息尸体征象分为血液回流受阻型、缺血缺氧代偿型、呼吸受阻型窒息尸体征象。尸体腐败后，缺血缺氧代偿型窒息尸体征象仍能保留，而头面部血液回流受阻型窒息尸体征象则遵循腐败规律以其他方式呈现。

一、血液回流受阻型窒息尸体征象

血液回流受阻型窒息尸体征象为颈静脉受压致头面部血液回流受阻后出现的一系列尸体征象。新鲜尸体表现为颜面淤紫伴出血点、睑结膜淤血伴针尖样出血点、头皮及颞肌斑块状出血、颅骨表面出血点、颅骨板障淤血、硬脑膜血管怒张、大脑表面血管怒张伴交通支开放。尸体腐败后，颜面淤紫以颜面部较身体其他部位早出现的腐败静脉网及腐败尸绿呈现（图8－63、图8－64）。因头面部及双上肢较尸体其他部位含血量丰富，腐败较尸体其他部位快，故窒息死亡尸体呈现下行性腐败特征，腐败初期表现为颜面部及双上肢的静脉网腐败（图8－64），腐败后期表现为头面部及双上肢率先白骨化（图8－65）。

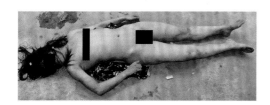

颜面淤紫，双上肢有类尸斑效应。

图8－63　掐颈窒息死亡新鲜尸体血液回流受阻征象

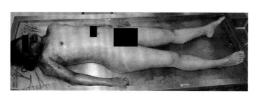

颜面淤紫及双上肢有类尸斑效应，腐败后表现为颜面部及双上肢大面积腐败静脉网。

图8－64　掐颈窒息死亡尸体腐败初期颜面部及双上肢的腐败静脉网

颜面及双上肢较尸体其他部位率先白骨化。

图8－65　掐颈窒息死亡尸体腐败后期头面部及双上肢白骨化

尸体腐败后，头皮及颞肌的斑块状出血以颞肌表面的类出血改变呈现，颞肌表面斑块状出血在溶血后互相融合形成颞肌表面的片状出血，而颞肌深层无出血（图8－66、图8－67）。

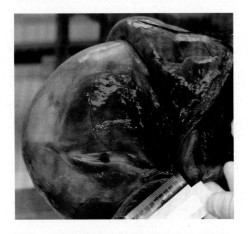

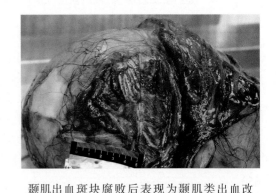

颞肌出血斑块腐败后表现为颞肌类出血改变。

图8-66 掐颈窒息死亡腐败尸体颞肌类出血 改变(一)

颞肌出血斑块腐败后表现为颞肌类出血改变,颞肌表面有出血,颞肌深层无出血。

图8-67 掐颈窒息死亡腐败尸体颞肌类出血 改变(二)

颅骨板障淤血在尸体白骨化前均可保留。

大脑表面血管怒张伴交通支开放在脑组织软化期以脑沟内血管溶血致脑回均质红染呈现,脑组织液化后大脑表面及脑底组织液化呈粉红色,大脑深部组织液化呈石灰色。

二、缺血缺氧代偿型窒息尸体征象

缺血缺氧代偿型窒息尸体征象为机体因缺氧引发的各脏器血液重新分配,增加心脑灌注、增加供血所产生的一系列尸体征象,包括肝脏地图样改变、脾脏地图样改变、肾脏地图样改变、子宫地图样改变。上述腹腔脏器均属实质器官,腐败进程较慢,脏器表面地图样改变受腐败影响较小,基本可以保留;受脏器内腐败液体外渗影响,腐败后脏器整体颜色较新鲜脏器稍浅;受腐败溶血因素影响,缺血区域与非缺血区域分界较新鲜尸体模糊(图8-68至图8-71)。

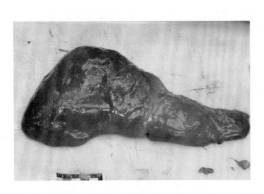

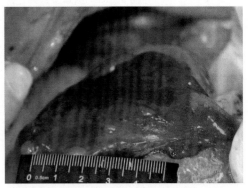

肝脏腐败软化,表面地图样改变保留,缺血区域呈土黄色,非缺血区域呈暗红色,颜色较新鲜脏器稍浅。

图8-68 掐颈窒息死亡腐败尸体肝脏地图样 改变保留

脾脏腐败软化,表面地图样改变保留,缺血区域呈粉红色,非缺血区域呈暗红色,颜色较新鲜脏器稍浅。

图8-69 掐颈窒息死亡腐败尸体脾脏地图样 改变保留

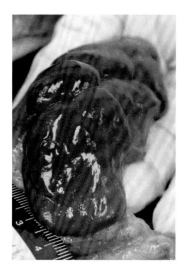

肾脏腐败软化，表面地图样改变保留，缺血区域呈粉红色，非缺血区域呈暗红色，两者分界模糊。

图 8 - 70　掐颈窒息死亡腐败尸体肾脏地图样改变保留（一）

肾脏腐败软化，皮质色浅，髓质淤血，皮髓质分界模糊。

图 8 - 71　掐颈窒息死亡腐败尸体肾脏地图样改变保留（二）

三、呼吸受阻型窒息尸体征象

呼吸受阻型窒息尸体征象为由于呼吸道受压迫或堵塞导致的呼气或吸气障碍后出现的凸出于肺表面的肺气肿，于各肺叶均匀分布。在腐败初期，肺气肿可以保留（图 8 - 72、图 8 - 73）；腐败后期，肺脏软化，肺内血性液体外渗至胸腔，肺脏萎缩，肺气肿征象消失（图 8 - 74）。

肺气肿分布于各肺叶。

图 8 - 72　掐颈窒息死亡尸体腐败初期肺气肿分布于各肺叶（一）

肺气肿分布于各肺叶。

图 8 - 73　掐颈窒息死亡尸体腐败初期肺气肿分布于各肺叶（二）

肺气肿征象消失，胸腔内血性渗出液外漏，仅留
存胸壁血性液体浸染痕。

图 8-74　掐颈窒息死亡尸体腐败后期肺气肿消失

掐颈时喉头受刺激会引起反射性呕吐，故在掐颈窒息死亡尸体腐败初期的气管内可见呕吐物吸入（图 8-75）、食管内可有部分食物反流（图 8-76），同时伴有气管黏膜淤血，腐败初期呈暗红色（图 8-75），腐败后期呈乌黑色（图 8-77）。

气管黏膜淤血，气管腔内见呕吐物吸入。

**图 8-75　掐颈窒息尸体腐败初期的气管内
呕吐物吸入**

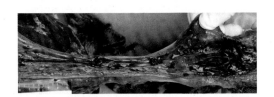

食管上段及喉头可见少量呕吐物附着。

**图 8-76　掐颈窒息尸体腐败初期的食管内
呕吐物反流**

图 8-77　掐颈窒息死亡尸体腐败后期气管黏膜淤血腐败发黑，伴少量呕吐物附着

第四节　溺死类腐败尸体征象

溺死新鲜尸体征象有睑球结膜充血、颜面部淤紫、类尸斑效应、肺水肿、肺气肿、溺液吸入型肺脏血液坠积效应消失、食管及气管内有食物反流及吸入，以及腹腔脏器地图样改变等。尸体呈现腐败巨人观前，睑球结膜血管内血液腐败自溶，外渗形成睑球结膜类出血斑块（图 8-78），类出血斑块形态及颜色较外伤性睑球结膜出血斑块（图 8-79）薄、颜色浅淡；尸体呈现腐败巨人观后，睑球结膜充血征象消失，睑球结膜呈苍白色改变（图 8-80）。

睑球结膜血管内血液溶血外渗致结膜类出血斑块形成。

图 8-78 溺死腐败尸体睑球结膜类出血斑块

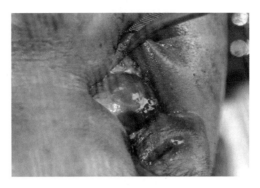

高桥坠水后溺死，颜面部水面拍击伤致上下睑皮下出血及睑球结膜斑块状出血。

图 8-79 水面拍击致睑球结膜出血

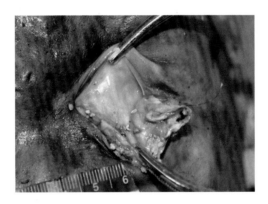

图 8-80 溺死尸体呈现腐败巨人观后睑球结膜充血征象消失

　　溺死尸体颜面淤血、类尸斑效应在尸体腐败后以腐败静脉网及腐败尸绿呈现。腐败初期，腐败静脉网于颜面、上胸部及双上肢率先出现(图 8-81)；随着腐败进展，腐败静脉网扩展至全身，但颜面、上胸部及双上肢处腐败静脉网较其他部位密集(图 8-82)；腐败达巨人观时，血管内血液自溶外渗致局部皮肤红染呈暗红色(图 8-83)；腐败继续，外渗血液腐败呈墨绿色，以腐败尸绿呈现于体表，颜面部、上胸部及双上肢处皮肤红染及腐败尸绿较其他部位严重。

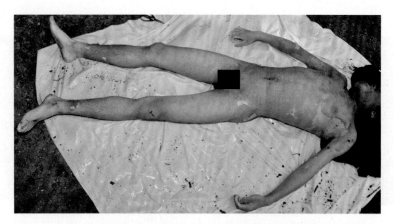

颜面、上胸部、双上肢率先出现腐败静脉网及腐败尸绿。

图 8 - 81　溺死尸体腐败初期的腐败静脉网

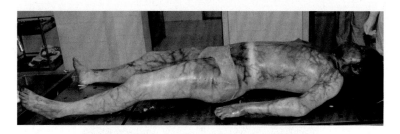

腐败静脉网遍布全身，但颜面、上胸部及双上肢处腐败静脉网较其他部位密集。

图 8 - 82　溺死尸体进一步腐败后的腐败静脉网

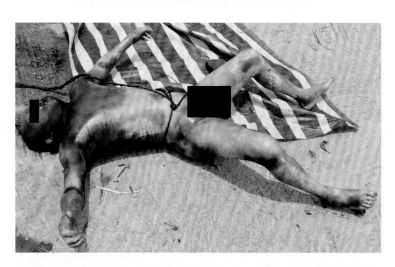

腐败静脉网内血液自溶外渗致皮肤呈暗红色，颜面、上胸部及双上肢处皮肤颜色较其他部位深。

图 8 - 83　溺死尸体腐败巨人观

溺死尸体肺部在腐败巨人观时期前后均可观察到肺水肿、肺气肿。随着腐败进展，肺内吸入溺液外渗至胸腔形成血性胸腔积液，随着溺液渗出，肺脏呈现不同程度的萎缩、塌陷(图8-84)，直至肺水肿、肺气肿征象消失，肺脏触之质实(图8-85)。腐败后期，胸腔积液透过胸部外漏，仅残留胸壁血性液体浸染痕(图8-86)。在溺死尸体腐败各个时期均可观察到溺液吸入型肺脏血液坠积效应消失征象。在腐败初期，肺脏表面泡沫化(图8-87)，肺脏整体呈现与新鲜溺死尸体肺脏相近的颜色；腐败中后期，随着溺液不断渗出，肺脏萎缩、塌陷，同时颜色加深，颜色较血液坠积肺脏浅，血液坠积效应消失征象依旧保留(图8-85)。

肺脏血液坠积效应消失，胸腔大量血性渗出液，肺脏稍萎缩，表面塌陷。

图8-84　溺死尸体腐败初期的肺脏

胸腔血性渗出液外漏，肺脏萎缩、塌陷，颜色加深，肺脏血液坠积效应消失征象依旧保留。

图8-85　溺死尸体腐败后期的肺脏

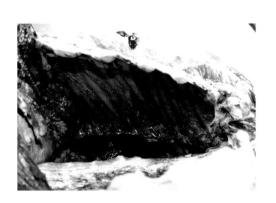

胸腔血性积液外漏，胸壁残留血性液体浸染痕。

图8-86　溺死尸体腐败后期的胸壁浸染痕

图8-87　溺死尸体腐败致肺脏表面泡沫化

食管和气管内的食物反流（图8-88）、吸入及腹腔脏器地图样改变（图8-89）受腐败因素影响较小，尸体腐败后均能保留。

图8-88　溺死腐败尸体喉头及食管上段
可见食物反流

图8-89　溺死尸体腐败后期肝脏地图样改
变征象保留

溺死尸体腐败后，左右心室壁常呈现差异性的颜色改变：左心室颜色浅，右心室颜色深。但左右心室壁差异性颜色改变并非为溺死腐败尸体特有，窒息、猝死、失血性休克（图8-90）、中毒（图8-91）等死因死亡的尸体腐败后均可观察到左右心室壁的颜色差异性改变。左右心室壁差异性颜色改变与死后左右心室内血容量有关，对比失血性休克合并溺水死亡尸体（图8-92）和单纯的溺死尸体（图8-93）的左右心室壁颜色可知，单纯溺死尸体左右心室壁颜色较失血性休克合并溺水死亡尸体心室壁颜色深，这一差异以"失血性休克死亡者生前失血致心腔内含血量减少"解释更为合理。各种死因的死亡过程中均会发生机体缺血缺氧，机体通过血液重新分配，增加外周血液回流心脏，同时心脏搏动加快，增加血液输出，保障大脑等重要器官的供血。当死亡发生在左心室舒张期时，左右心室内均饱含血液，腐败后左右心室壁均受血液浸染呈现暗红色，无颜色差异；当死亡发生在左心室收缩期时，左心室内血液排空，而右心室内饱含血液，腐败后右心室壁受腐败血液浸染呈现暗红色，而左心室空虚，心内膜因无腐败血液浸染而呈现粉红色，故左右心室壁呈现差异性的颜色改变。随着腐败进展，心室内血液腐败发黑，致心室壁呈现墨绿色（图8-94）。

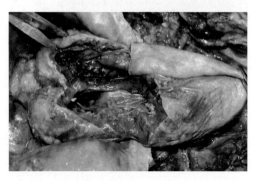

图8-90　失血性休克死亡尸体左右心室壁颜
色差异性改变

图8-91　盐酸地芬尼多中毒死亡尸体左右心
室壁颜色差异性改变

右深左浅，双侧心室壁颜色较单纯溺死尸体心室壁颜色浅。

图8-92 失血性休克合并溺水死亡尸体左右心室壁颜色差异性改变

右心室壁有大量血凝块附着；左心室内空虚，室壁无血凝块附着。

图8-93 溺死尸体左右心室壁颜色差异性改变

右心室内血液腐败致右心室壁呈墨绿色改变。

图8-94 溺死尸体腐败后期左右心室壁颜色差异性改变

　　水中尸体的颜面、颈部、会阴部等部位会出现类皮下出血改变，局部皮肤颜色与皮下出血颜色相近，但无肿胀（图8-95、图8-96），对应部位皮下及肌肉无出血（图8-97），此征象多为水中鱼虾吮吸、咬食所致。

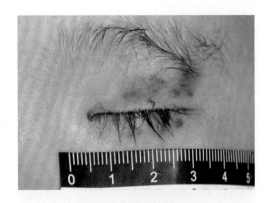

对应部位无肿胀。

图 8-95 溺死尸体眼睑处类皮下出血改变
（一）

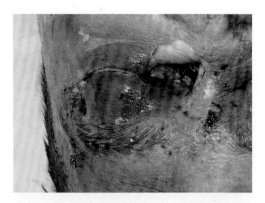

局部皮肤呈暗红色改变，对应部位无肿胀。

图 8-96 溺死尸体眼睑处类皮下出血改变
（二）

皮下及肌肉无出血。

图 8-97 溺死尸体眼睑处类皮下出血改变（三）

第五节　中毒类腐败尸体征象

尸体腐败后，中毒的特异性尸体征象近乎消失，如有机磷农药中毒尸体中的面色蜡黄、瞳孔缩小、抽搐、呼吸道密集泡沫等特异性尸体征象在尸体腐败后均消失，无法观察。

一、有机磷农药中毒

有机磷农药中毒死亡尸体腐败后尸体征象有体表脂肪样皮革样化（图 8-98）、肺淤血（图 8-99）、消化道液体腐蚀痕（图 8-100）、胃黏膜腐败血管网（图 8-101）、腹腔脏器地图样改变（图 8-102），同时农药类中毒死亡现场多有死者送服农药所用瓶器遗留（图 8-103）。

腹部、双大腿前侧有大面积脂肪样皮革样化改变。

图 8 - 98　有机磷农药中毒尸体体表脂肪样
　　　　　　皮革样化

肺脏呈淤血后腐败改变，胸腔内血性渗出液外漏，遗留液体浸染痕。

图 8 - 99　有机磷农药中毒尸体肺淤血腐败后
　　　　　　改变

图 8 - 100　有机磷农药中毒尸体食管黏膜的
　　　　　　腐蚀痕

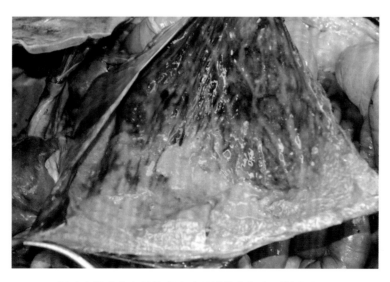

胃壁应激改变在尸体腐败后以胃黏膜腐败血管网呈现。

图 8 - 101　有机磷农药中毒尸体胃黏膜腐败血管网

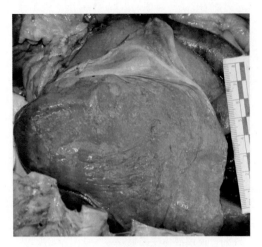

图 8 - 102　有机磷农药中毒尸体肝脏
地图样改变

图 8 - 103　口服农药现场垃圾桶内遗留
瓶器

二、毒鼠强中毒

毒鼠强中毒死亡尸体腐败后常见尸体征象有体表脂肪样皮革样化(图 8 - 104)、肺
淤血(图 8 - 105)、胃黏膜大面积出血斑(图 8 - 106)、腹腔脏器地图样改变(图 8 -
107)。

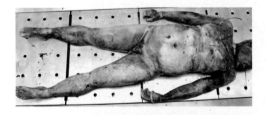

腹部、双大腿前侧有大面积脂肪样皮革样化改变。
图 8 - 104　毒鼠强中毒腐败尸体体表脂肪样
皮革样化

肺淤血腐败后改变：肺内淤积血液外渗后塌
陷、萎缩，保留暗红色淤血态。
图 8 - 105　毒鼠强中毒腐败尸体肺淤血

图 8 - 106　毒鼠强中毒腐败尸体胃黏膜出现大面积出血斑块

肝脏表面地图样改变在尸体腐败后，缺血区域与非缺血区域依旧保持，仅分界模糊。

图 8 - 107　毒鼠强中毒腐败尸体肝脏地图样面积改变

三、盐酸地芬尼多中毒

盐酸地芬尼多中毒死亡尸体腐败后尸体征象有胸腹部或下肢脂肪样皮革样化、口鼻周大量源血性腐败液（图 8 - 108）、肺淤血、胃内大量白色粉末残留（图 8 - 109）、腹腔脏器地图样改变、脑底广泛性出血（图 8 - 110）。

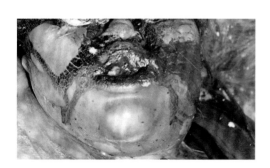

图 8 - 108　盐酸地芬尼多中毒腐败尸体口鼻周大量源血性渗出液

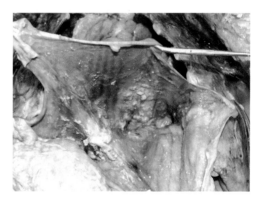

胃内大量白色粉末残留，胃黏膜无出血斑块。

图 8 - 109　盐酸地芬尼多中毒腐败尸体胃内大量白色粉末残留

图 8 - 110　盐酸地芬尼多中毒腐败尸体脑底广泛性出血

四、甲醛、苯酚中毒

甲醛、苯酚中毒死亡尸体腐败后尸体征象有体表脂肪样皮革样化(图 8 - 111)，喉头及消化道腐蚀、变性、硬化(图 8 - 112、图 8 - 113)，肺淤血，腹腔脏器地图样改变。

腹部、右前臂有脂肪样皮革样化改变。
图 8 - 111　苯酚中毒死亡尸体腐败后
体表脂肪样皮革样化

图 8 - 112　苯酚中毒死亡尸体腐败后喉头及
食管腐蚀、变性、硬化

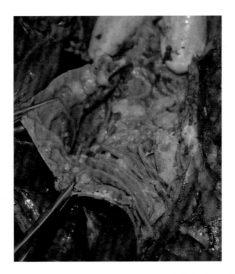

图 8 - 113　苯酚中毒死亡尸体腐败后胃黏膜被腐蚀、变性、硬化

五、乙醇中毒

乙醇中毒死亡尸体腐败后尸体征象有体表大面积的脂肪样皮革样化、胃黏膜腐败血管网、胸壁肌肉鲜红色改变(图 8 - 114)、肺淤血、腹腔脏器地图样改变。

图 8 - 114　乙醇中毒死亡尸体腐败后胸壁肌肉保留鲜红色改变

六、一氧化碳中毒

一氧化碳中毒死亡尸体腐败后体表皮肤(图 8 - 115)、肌肉及内脏器官的樱红色改变仍可保留,凭借肌肉及内脏器官樱红色改变可以推断死因为一氧化碳中毒。

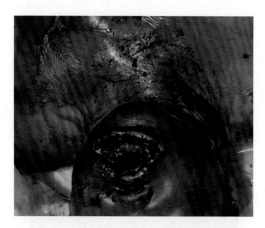

颜面及尸斑均腐败呈乌黑色，胸、肩部皮肤保留樱红色改变。

图 8 - 115　一氧化碳中毒死亡尸体腐败后体表皮肤改变

第六节　腐败尸体死因推断

　　新鲜尸体的死因鉴定基于尸表征象、内脏征象、病理组织检验、毒化检验进行综合分析判断。尸体腐败后，大多数新鲜尸体呈现的尸体征象消失或以其他形式呈现，组织腐败自溶致使无法开展病理组织学检验，针对腐败尸体的毒化检验大多为定性检验，故腐败尸体死因鉴定成为法医日常工作中的难题。笔者大胆引入腐败尸体死因推断的设想，基于已知死因的新鲜尸体征象及其腐败后的改变及演化规律，筛选可供于死因推断的尸体腐败征象若干，辅以逻辑推理的方法，尝试进行腐败尸体死因推断。

　　日常工作中最常见的死因有机械性窒息、溺水、颅脑损伤、休克（失血性、创伤性）、中毒、电击、猝死（心源性、脑源性、消化道源性、呼吸系统源性等）。

一、机械性窒息死亡

（一）新鲜尸体征象

　　机械性窒息死亡的新鲜尸体征象有血液回流受阻型、呼吸受阻型、缺血缺氧代偿型三类尸体征象。

　　（1）基于尸体有呼吸受阻所致的各肺叶广泛分布的肺气肿，以及机体缺血缺氧过程中内脏器官血液重新分配，代偿供应心脑供血所致的心脑血管怒张、交通支开放及腹腔脏器地图样改变，可推断死者生前有窒息过程。

　　（2）基于口鼻、颈部损伤推断窒息的方式。当口鼻、颈部无损伤时，尸体出现由于颈部血管受压迫导致的头面部血液回流受阻的尸体征象时，可推断窒息方式为掐颈。

　　（3）基于类尸斑效应分布的节段差异亦可推断窒息方式。当有胃内容物反流时，说明死者生前喉头曾受外力刺激，进而推断窒息方式为掐颈或扼颈。

　　不能仅依据一种尸体征象简单地判断窒息方式，当尸体有胃内容物反流时，亦要结合血液回流受阻型尸体征象、类尸斑效应进行综合评价。有胃内容物反流、血液回流受阻型尸体征象，头面部、颈部、双上肢出现类尸斑效应的，可以直接判定窒息方式为掐颈或扼颈；无胃内容物反流，有血液回流受阻型尸体征象，以及头面部、颈部、双上肢出现类尸斑效应的，亦可判定窒息方式为掐颈或扼颈；虽口鼻部无损伤，但有胃内容物反流、血液回流受阻型尸体征象，头面部、颈部、上胸部、双上肢出现类尸斑效应的，亦应考虑捂压口鼻及扼颈两种窒息方式。新鲜尸体机械性窒息死亡死因推断如图8-116所示。

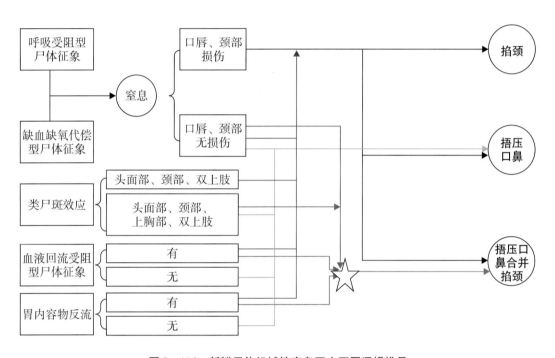

图8-116　新鲜尸体机械性窒息死亡死因逻辑推导

(二)腐败尸体征象

机械性窒息死亡的腐败尸体征象有：下行性腐败、各肺叶分布的肺气肿、肺淤血、胸腔血性渗出液、胸壁血性液体浸染痕、腹腔脏器以淤血区域为主的地图样改变、食物反流等。可由腹腔脏器地图样改变推断死者生前有缺血缺氧过程；尸体下行性腐败、各肺叶分布的肺气肿、肺淤血说明缺血缺氧过程为窒息所致；头面部、双上肢腐败快及食物反流说明窒息方式为掐颈或扼颈；头面部、颈部、上胸部、双上肢腐败快说明窒息方式为捂压口鼻。腐败尸体机械性窒息死亡死因推断如图8-117所示。

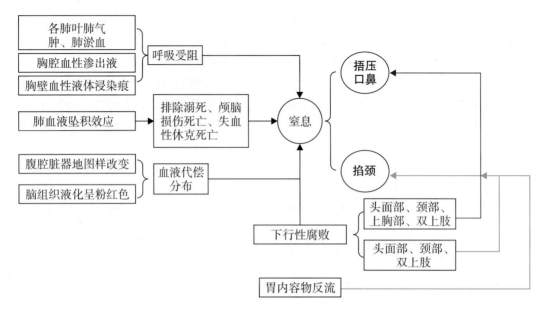

图 8-117　腐败尸体机械性窒息死亡死因逻辑推导

二、溺水死亡

(一)新鲜尸体征象

溺死新鲜尸体征象有：颜面淤紫、睑球结膜充血、类尸斑效应、口鼻周蕈样泡沫、溺液吸入型肺脏血液坠积效应消失、胃内容物反流误吸、胃内溺液吞入及腹腔脏器以淤血区域为主的地图样改变。溺死诊断的关键在于有无生前入水的尸体征象，其包括溺液刺激结膜引起的睑球结膜充血，溺液吸入时刺激喉头引起的胃内容物反流，溺液呛咳时引起的颜面淤紫，溺液吸入肺部引起的肺脏血液坠积效应消失及口鼻周蕈样泡沫，溺死过程中机体缺血缺氧引起的腹腔脏器血液代偿性重新分布。新鲜尸体溺水死亡死因推断如图 8-118 所示。

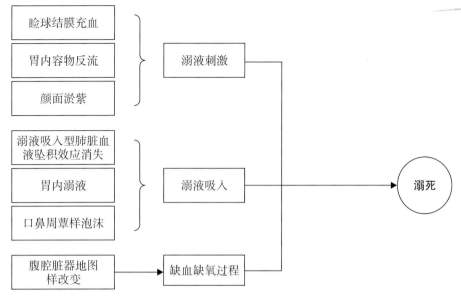

图8-118　新鲜尸体溺水死亡死因逻辑推导

(二)腐败尸体征象

溺水死亡的腐败尸体常见尸体征象有：下行性腐败、溺液吸入型肺脏血液坠积效应消失、各肺叶分布的肺气肿、胸腔血性渗出液、胸壁血性液体浸染痕、腹腔脏器以淤血区域为主的地图样改变、食物反流、脑组织液化后呈粉红色、胸腹部大面积软组织出血（图8-119）等。腹腔脏器地图样改变可推断死者生前有缺血缺氧过程；尸体下行性腐败为溺死尸体颜面、颈、胸、腹部类尸斑效应腐败后的表现；各肺叶分布的水气肿、溺液吸入型肺脏血液坠积效应消失、胸腔血性渗出液、胸壁血性液体浸染痕为吸入溺液后肺脏在各个腐败阶段的不同改变；食物反流为溺液吸入刺激喉头所致；胸腹部大面积软组织出血为入水时拍击水面所致，由此可说明死者为生前入水，进而说明死因为溺死。腐败尸体溺水死亡死因推断如图8-120所示。

入水时拍击水面致胸腹部皮下脂肪、肌肉大面积出血。

图8-119　溺水死亡尸体腐败后胸腹部的水面拍击伤

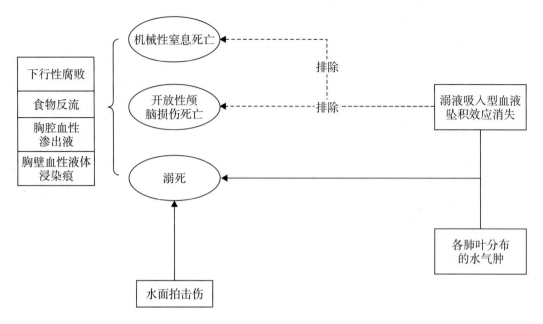

图 8 – 120　腐败尸体溺水死亡死因逻辑推导

三、颅脑损伤死亡

(一)新鲜尸体征象

颅脑损伤死亡新鲜尸体征象有：颅脑损伤或颅内出血、抽搐、中枢性肺水肿、肺高度淤血、颅骨板障缺血、胸壁肌肉色淡、腹腔脏器以淤血区域为主的地图样改变、呕吐物反流、胃壁应激改变(胃壁血管充血、黏膜皱缩、黏膜灶性出血斑块)。抽搐、中枢性肺水肿、肺脏高度淤血、呕吐物反流由颅脑损伤后颅内高压引起，胃壁应激改变由颅脑损伤引起，颅骨板障缺血、胸壁肌肉色淡、腹腔脏器地图样改变为头部损伤所致的出血、疼痛引发的机体休克改变。颅脑损伤及颅内出血为诊断颅脑损伤死亡不可或缺的尸体征象，若死者同时还具备颅脑损伤所引发的休克、颅内高压、呼吸衰竭的征象，即可诊断颅脑损伤死亡。当尸体有开放性颅脑损伤及机体休克征象，而无颅内高压及呼吸衰竭征象时，我们应当考虑死亡机制为头部开放性损伤引发失血性休克，而非颅脑损伤。新鲜尸体颅脑损伤死亡死因推断如图 8 – 121 所示。

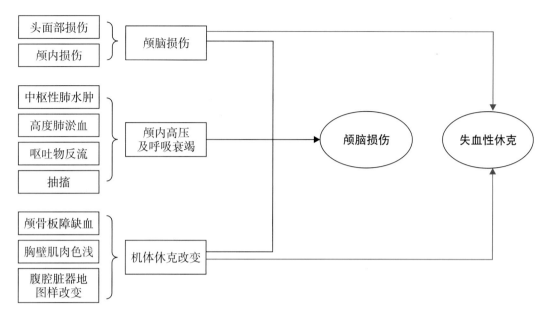

图 8 – 121　新鲜尸体颅脑损伤死亡死因逻辑推导

(二)腐败尸体征象

　　颅脑损伤死亡腐败尸体征象有：头部蛆虫集中分布、颅骨板障缺血、硬脑膜气球过度充气样改变、脑内出血脑组织液化后系列颜色改变（血性、粉红色、暗灰色、暗黑色）、口鼻和胸腔源血性渗出液、胸腹部和双上肢脂肪样皮革样化、胸壁肌肉色淡、腹腔脏器以淤血区域为主的地图样改变、肠壁无腐败静脉网、呕吐物反流。硬脑膜气球过度充气样改变说明颅内有大量出血；脑内出血脑组织特征性液化为颅内出血腐败后的特异性改变；呕吐物反流说明死者曾有颅内高压；口鼻腔、胸腔源血性渗出液说明死者曾有呼吸中枢衰竭导致的高度肺淤血；头部蛆虫集中分布说明头部有开放性损伤或口鼻腔有大量源血性渗出液；胸腹部和双上肢脂肪样皮革样化、胸壁肌肉色淡、腹腔脏器地图样改变、肠壁无腐败静脉网为颅脑损伤引发的机体休克改变。腐败尸体颅脑损伤死亡死因推断如图 8 – 122 所示。

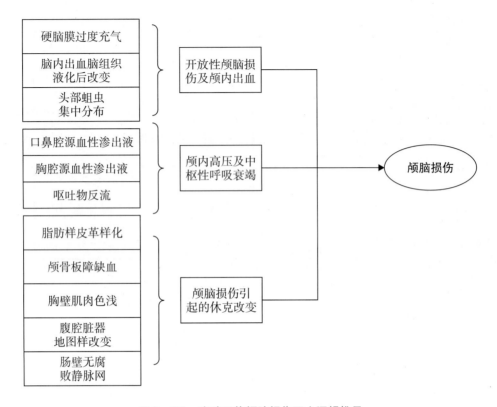

图 8 - 122　腐败尸体颅脑损伤死亡逻辑推导

四、失血性、创伤性休克死亡

（一）新鲜尸体征象

失血性、创伤性休克死亡新鲜尸体征象有：体表创伤、尸斑浅淡、皮肤黏膜苍白、甲床苍白、肌肉色淡、胸腹腔脏器失血貌、心脑血管空虚、肠壁血管空虚。体表创伤为诊断失血性、创伤性休克死亡的基础尸体征象，若死者同时还具备创伤失血、疼痛所引发的休克征象，即可诊断为失血性、创伤性休克死亡。日常工作中，失血性休克死亡多由体表创口致大血管破裂出血或内脏器官破裂出血引发，故易形成定势思维——诊断失血性休克死亡必须要有大血管或内脏器官破裂，将诊断失血性休克死亡的重点放在是否有大血管或内脏器官破裂上，而忽略机体因失血引起的休克征象。实际工作中，头面部多处锐器创或挫裂创可引起失血性休克死亡，颈部创口致甲状腺下动脉破裂也可引起失血性休克死亡。因此，诊断失血性休克死亡时，应当关注创伤及其造成的后果，同时还应关注机体的休克征象。体表大面积皮下及肌肉出血可引起创伤性休克死亡，但目前尚无具体的引起创伤性休克死亡的体表出血面积可供参考。有案例表明：单侧小腿前侧大面积皮下、肌肉出血即可引起创伤性休克死亡。即便给出诊断创伤性休克死亡的体表出血面积或出血范围的具体数据，工作中也难免遇到体表出血面积小于临界值的情况，那么此时能否诊断呢？此类情况和诊断失血性休克死亡时单纯关注创伤及创伤是否造成大血管或内脏器官破裂一样，都过度关注体表出血面积，而忽略了尸体的休克征象。当尸体出现肝脏缺血呈土黄色、心脑血管空虚等休克失代偿期征象时，即可诊断为创伤性休克死亡，而非过度纠结体表出血面积是否达到规定面积。新鲜尸体失血性、创伤性休克死亡的死因推断如图 8 - 123 所示。

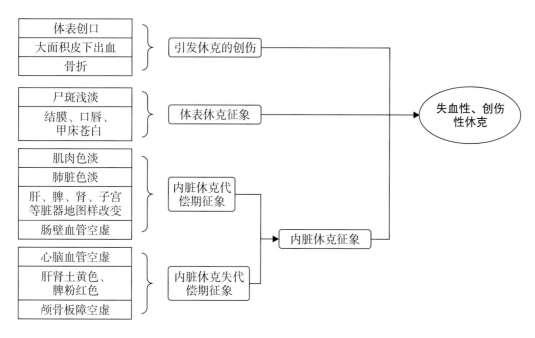

图 8 - 123　新鲜尸体失血性、创伤性休克死亡死因逻辑推导

(二) 腐败尸体征象

失血性、创伤性休克死亡的腐败尸体征象有：体表创伤、体表大面积脂肪样皮革样化、非血性腐败渗出液、低下部位无腐败血液坠积效应、肌肉色淡、胸腔无血性渗出液、胸壁无液体浸染痕、气管黏膜苍白、腹腔脏器以缺血区域为主的地图样改变、肠壁无腐败静脉网、颅骨板障空虚、脑组织石灰样液化。尸体腐败后体表锐器创口难以确定是生前还是死后造成的，创腔内的血管破裂或内脏器官破裂导致的出血会因腐败液外渗、外漏而流失，丧失评判失血量或胸腹腔积血量的条件。腐败初期，钝器伤可依据创周皮下出血后腐败发黑改变鉴别生前伤和死后伤；腐败后期，判断生前伤和死后伤成为难题。因此，对于失血性、创伤性休克死亡腐败尸体的死因推断，应以出现脂肪样皮革样化、非血性腐败渗出液、低下部位无腐败血液坠积效应、肌肉色淡、胸腔无血性渗出液、胸壁无液体浸染痕、气管黏膜苍白、腹腔脏器地图样改变、肠壁无腐败静脉网、颅骨板障空虚、脑组织石灰样液化等休克类尸体征象首先推定死者生前有休克过程。其中，体表大面积脂肪样皮革样化、低下部位无腐败血液坠积效应、胸腔无血性渗出液、胸壁无液体浸染痕、气管黏膜苍白、脑组织石灰样液化及肝脏呈均匀土黄色或乌黑色、脾脏呈均匀深红色、肾脏呈均匀土黄色改变为失血性、创伤性休克死亡腐败尸体特有征

象，但并非所有失血性、创伤性休克死亡后的腐败尸体均会呈现上述尸体征象，有些腐败尸体亦会有腹腔脏器地图样改变等休克代偿期的尸体征象，故须对休克种类进行逐一排除，最后认定引起机体休克的原因，具体逻辑推导过程如图8-124所示。

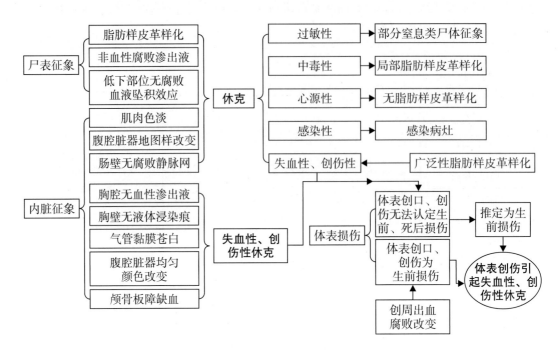

图8-124 腐败尸体失血性、创伤性休克死亡死因逻辑推导

五、农药中毒死亡

(一) 新鲜尸体征象

有机磷农药、拟除虫菊酯类农药中毒死亡新鲜尸体征象及死因推断方法详见第七章相关内容。全身黄疸、消化道腐蚀性假膜、肺实变为百草枯中毒死亡特征性尸体征象，尸体腐败后黄疸、假膜、肺实变均可得到不同程度保留，依据这3种特征性尸体征象即可推断死因为百草枯中毒。

(二) 腐败尸体征象

有机磷农药中毒死亡腐败尸体征象包括：颜面及上胸部率先出现的腐败静脉网、胸腹部及双下肢脂肪样皮革样化、肺淤血改变、胸腔血性渗出液、胸壁血性液体浸染痕、食管黏膜腐蚀痕、胃黏膜应激性腐败血管网、腹腔脏器以淤血区域为主的地图样改变、脑组织液化呈粉红色。颜面部及上胸部腐败静脉网属有机磷农药中毒后局部类尸斑效应腐败后改变；肺淤血、胸腔血性渗出液、胸壁血性液体浸染痕属肺淤血腐败后的系列改变；腹腔脏器地图样改变为缺血缺氧代偿型尸体征象；食管、胃黏膜腐蚀痕及胃壁腐败血管网为农药腐蚀、刺激所致；同时口服有机磷农药中毒死亡现场多伴有瓶器遗留，可间接提示有农药中毒可能。腐败尸体有机磷农药中毒死亡死因推断如图8－125所示。

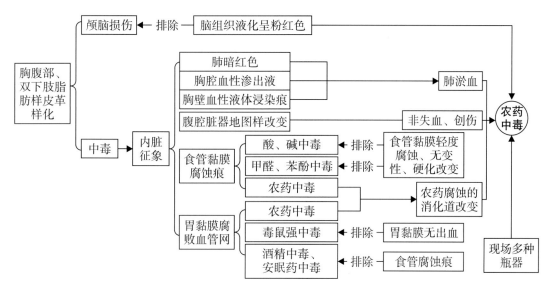

图8－125　腐败尸体农药中毒死亡死因逻辑推导

六、毒鼠强中毒死亡

（一）新鲜尸体征象

毒鼠强中毒死亡新鲜尸体征象包括：抽搐、痉挛、口唇及舌尖咬伤、尸僵发展较尸斑快、胃大小弯血管怒张、胃黏膜出血、肝脏以淤血区域为主的地图样改变、脾肾淤血。抽搐、痉挛、口舌咬伤为毒鼠强中毒致神经元过度兴奋所致，尸僵发展快为生前抽搐、痉挛所致，胃壁血管怒张及黏膜出血为胃应激反应。与其他毒物中毒不同，毒鼠强及氟乙酰胺中毒死亡过程较短，故仅有肝脏出现地图样代偿性改变。新鲜尸体毒鼠强中毒死亡死因推断如图8－126所示。

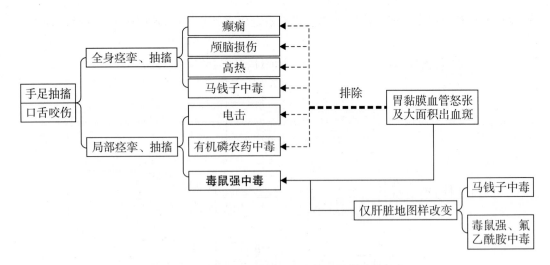

图 8-126　新鲜尸体毒鼠强中毒死亡死因逻辑推导

(二) 腐败尸体征象

毒鼠强中毒死亡腐败尸体征象有：胸腹部及双下肢前侧脂肪样皮革样化，胃黏膜大面积出血，肝脏以淤血区域为主的地图样改变，脑、肺、脾、肾淤血。胸腹部及双下肢前侧脂肪样皮革样化为休克类尸体征象；肝脏以淤血区域为主的地图样改变，脾、肾淤血，说明死亡过程迅速；胃黏膜大面积出血提示烈性毒物中毒。腐败尸体毒鼠强中毒死亡死因推断如图 8-127 所示。

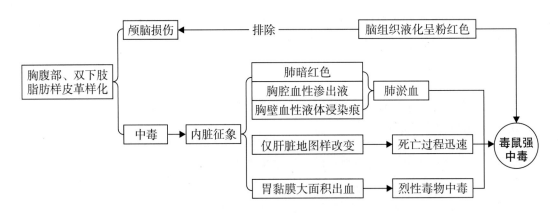

图 8-127　腐败尸体毒鼠强中毒死亡死因逻辑推导

七、乙醇、甲醇中毒死亡

(一) 新鲜尸体征象

乙醇中毒死亡新鲜尸体征象有：类尸斑效应，鲜红色尸斑，肌肉鲜红色，胃肠壁血管充血，胃黏膜皱缩，胃黏膜斑块状出血，肝、脾、肾以淤血区域为主的地图样改变，中枢性肺水肿，气管腔内密集血性泡沫。类尸斑效应为乙醇中毒致体表血管扩张所致；鲜红色尸斑、肌肉鲜红色属乙醇中毒特有尸体征象；胃肠壁血管充血、胃黏膜皱缩、胃黏膜斑块状出血属乙醇中毒消化道应激改变；肝、脾、肾以缺血区域为主的地图样改变属机体血流代偿性重新分布改变；中枢性肺水肿、气管腔内密集血性泡沫为乙醇抑制呼吸中枢所致。新鲜尸体乙醇中毒死亡死因推断如图 8 - 128 所示。

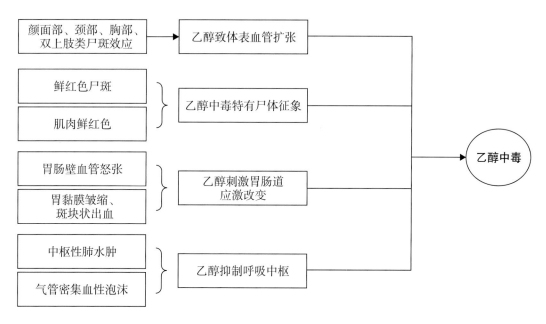

图 8 - 128　新鲜尸体乙醇中毒死亡死因逻辑推导

（二）腐败尸体征象

乙醇中毒死亡腐败尸体征象包括：腐败静脉网（颜面部、颈部、胸部、双上肢）、残留鲜红色尸斑、肌肉鲜红色、胃肠壁腐败血管网、胃黏膜斑块状出血、肺淤血、胸腔源血性渗出液、胸壁血性液体浸染痕、腹腔脏器以缺血区域为主的地图样改变、脑组织液化呈粉红色。腐败尸体乙醇中毒死亡死因推断如图 8 - 129 所示。

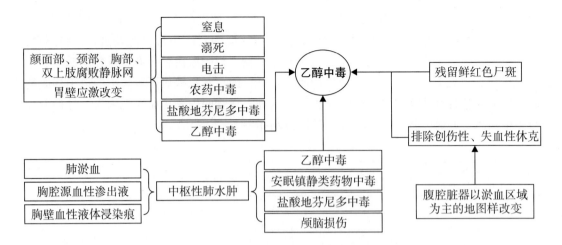

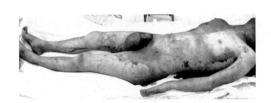

图 8 - 129　腐败尸体乙醇中毒死亡死因逻辑推导

　　甲醇中毒死亡死因推断可参照乙醇中毒死亡死因推断方法，头面部无外伤，而大脑表面有片状蛛网膜下腔出血可作为诊断甲醇中毒死亡的辅助尸体征象。

八、一氧化碳中毒死亡

　　一氧化碳中毒死亡可根据樱红色尸斑(图 8 - 130)、肌肉及内脏器官樱红色(图 8 - 131)改变直接推断。

图 8 - 130　一氧化碳中毒死亡尸体腐败后手
足部皮肤呈樱红色改变

图 8 - 131　一氧化碳中毒死亡尸体腐败后头
皮、脑组织表面依旧呈现樱红色改变

九、盐酸地芬尼多中毒死亡

(一)新鲜尸体征象

盐酸地芬尼多中毒死亡新鲜尸体征象有：出血性类尸斑效应、口鼻腔源血性渗出液、中枢性肺水肿、腹腔脏器以淤血区域为主的地图样改变、脑水肿、蛛网膜下腔出血、脑底广泛性出血。新鲜尸体盐酸地芬尼多中毒死亡死因推断如图 8-132 所示。

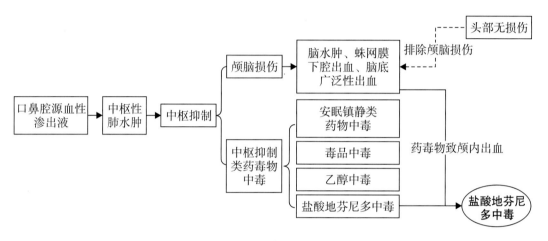

图 8-132　新鲜尸体盐酸地芬尼多中毒死亡死因逻辑推导

(二)腐败尸体征象

盐酸地芬尼多中毒死亡腐败尸体征象有：上半身差异性腐败静脉网、腹部及双下肢脂肪样皮革样化、口鼻腔源血性渗出液、中枢性肺水肿、胸腔源血性渗出液、胸壁血性液体浸染痕、腹腔脏器以淤血区域为主的地图样改变、硬脑膜气球过度充气样改变、脑底出血。腐败尸体盐酸地芬尼多中毒死亡死因推断如图 8-133 所示。

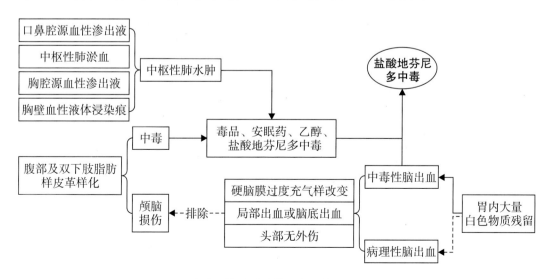

图 8-133　腐败尸体盐酸地芬尼多中毒死亡死因逻辑推导

十、消化道出血猝死和病理性脑出血猝死

(一)新鲜尸体征象

消化道出血猝死多为胃、十二指肠溃疡穿孔或肝硬化致食管下段静脉曲张破裂致消化道大出血引起失血性休克所致。消化道出血猝死新鲜尸体呈现失血性休克死亡的尸体征象。机体失血积聚于消化道内或腹腔内，因机体无向外失血，故尸斑较外伤引起的失血性休克死亡尸体的尸斑稍浓，因腹腔及消化道内大量积血，腹部显著膨隆，叩诊清音范围缩小。根据尸体休克征象及消化道溃疡穿孔或肝硬化伴食管下段静脉曲张可以直接诊断其死因为消化道出血类猝死。

病理性脑出血猝死多为高血压、脑动静脉血管畸形、颅内动脉瘤破裂引起。病理性脑出血猝死新鲜尸体呈现大脑实质内出血或脑底广泛性蛛网膜下腔出血、颅内高压症状（抽搐、呕吐）、中枢性肺水肿征象（死后不久口鼻腔内大量血性水肿液溢出）、腹腔脏器以淤血区域为主的地图样改变及部分休克征象（尸斑稍淡、口唇黏膜色浅、颅骨板障缺血）。根据尸体征象，结合病理组织学检查可以直接诊断病理性脑出血类猝死。

(二)腐败尸体征象

消化道出血类猝死尸体腐败后机体休克征象则以全身大面积脂肪样皮革样化改变、尸体周围非血性腐败渗出液、肌肉色淡、颅骨板障空虚、双肺色淡、胸腔无血性渗出液、胸壁无血性液体浸润痕、腹腔脏器以缺血区域为主的地图样改变呈现；消化道溃疡穿孔、肝硬化、食管下段静脉曲张、腹腔积血征象可以得到保留，消化道内出血随着尸体腐败部分随口鼻或肛门排出体外，肠道内残留血液腐败发黑，透过肠壁呈乌黑色（图8-134），而肠壁血管空虚，无腐败血管网。

体表大面积脂肪样皮革样化，肠管呈乌黑色，肠管内残留部分腐败发黑的积血，肠壁无腐败血管网。

图8-134 消化道出血猝死尸体腐败后肠道改变

　　病理性脑出血类猝死尸体腐败后，在脑组织完全液化前，脑实质内出血及脑底广泛性蛛网膜下腔出血可以保留在原始位置；脑组织完全液化后，出血与液化脑组织融合，出血量较小时液化融合后呈鲜红色，出血量大时液化融合后呈暗红色。休克类尸体征象则以局部脂肪样皮革样化改变、颅骨板障缺血、腹腔脏器以淤血区域为主的地图样改变、肠壁无腐败静脉网等方式呈现。中枢性肺水肿则以口鼻周源血性腐败渗出血、胸腔源血性腐败渗出液、胸壁血性液体浸染痕呈现。

　　消化道出血类猝死及病理性脑出血类猝死腐败尸体死因推断如图 8 − 135 所示。

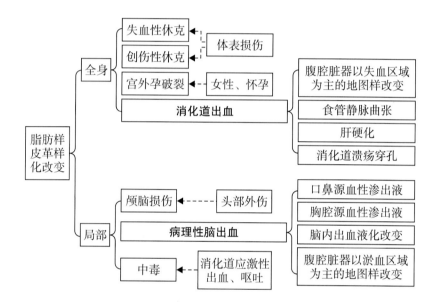

图 8 − 135　消化道出血类猝死和病理性脑出血类猝死腐败尸体死因逻辑推导